T0007523

RELACIONES MILAGROSAS

UN CAMINO HACIA LA LIBERTAD Y LA ALEGRÍA

JOHN CAMPBELL

EL GRANO Ð MOSTAZA

Título: Relaciones milagrosas
Subtítulo: Un camino hacia la libertad y la alegría
Autor: John Campbell

Publicado originalmente en el Reino Unido por O-books, una división de John Hunt
Publishing, con el título: *Miracle Relationships*
Copyright © 2022 de John Campbell.

Primera edición en España, junio de 2023
© para la edición en España, El Grano de Mostaza Ediciones

Impreso en España
ISBN PAPEL: 978-84-126913-4-4
ISBN EBOOK: 978-84-126913-5-1
DL: B 9628-2023

El Grano de Mostaza Ediciones, S.L.
Carrer de Balmes 394, principal primera
08022 Barcelona, Spain
www.elgranodemostaza.com

RELACIONES MILAGROSAS

UN CAMINO HACIA LA LIBERTAD Y LA ALEGRÍA

JOHN CAMPBELL

Lo que la gente dice de *Relaciones milagrosas*

Para leer un libro sobre este tema, hay algunas cosas que tengo que sentir intuitivamente que son correctas. Los criterios tienen que encajar; tengo que saber que el autor ha recorrido el camino, el libro tiene que serme recomendado por alguien en quien confíe y, de algún modo, tiene que haber aterrizado en mi regazo o mi intuición me tiene que guiar hasta él. Me deleita decir que puedo responder con un sí a estos tres criterios con respecto a la pequeña gema que es este libro, y que mi corazón puede compartir abiertamente y expresar con autenticidad la profunda sabiduría y el espíritu que encierran estas páginas.

Conocer a John en persona fue un estupendo punto de partida, pues siento un gran respeto por su viaje y su despertar espiritual. Él transmite presencia, humildad, humor y amor. Sin duda está recorriendo su camino y demuestra la alegría y libertad que vienen de "hacer el trabajo", por así decirlo. He visto que su deseo de una relación saludable, amorosa y santa se ha cumplido para él y su esposa, Ann. Su compromiso y dedicación a una comunicación clara, amorosa y honesta le han permitido profundizar en todos sus vínculos, en cuyo núcleo siempre están su buen humor, su risa y su bondad. Este es el testamento de su dedicación a una vida alegre y hermosa.

Este libro es un regalo para quienes eligen tener relaciones saludables y auténticas. Ayuda al lector a entender el propósito de cualquier relación, y a confiar en que, más allá de lo que haya ocurrido hasta ahora, tiene muchas posibilidades de profundizar en sus relaciones para hacerlas más satisfactorias, de perdonar las que se han amargado, y de entender por qué no han funcionado o han quedado rotas, y están listas para ser sanadas. Afrontémoslo, todos hemos estado allí de un modo u otro, y yo sé que, si hubiera conocido estos principios con anterioridad, la sabiduría contenida en este libro me habría ahorrado años de sufrimiento y desazón.

Recomiendo con fervor este libro a cualquiera que busque la verdad y que esté dispuesto a adoptar otra manera de ser en las relaciones. Solo puede beneficiarte y ayudarte a ver con más claridad, a sentir con más profundidad y a soltar las viejas limitaciones. Gracias, John, por recorrer el camino y por compartir tu corazón. No cabe duda de que eres un milagro y una luz brillante para muchos. Con amor y gratitud:

—Ann-Marie Marchant, ministra interconfesional, mentora espiritual, facilitadora de *Un curso de milagros* y autora de *The Ripple of Awakening: a Mighty Companion on the Spiritual Awakening Journey.*

Este libro es una gran ayuda para hacer que nuestros vínculos con otros sean saludables y duraderos. Hay muchas perlas de sabiduría en el libro de John: "No puedes tener una relación profunda y significativa con otra persona hasta que tengas una relación profunda y significativa contigo mismo". Encuentro que esto es muy cierto. Tuve dos matrimonios que se deshicieron porque yo no era amoroso conmigo mismo. Hicieron falta años de terapia, de recuperación de los Doce Pasos y de estudio de *Un curso de milagros* para curar mi mente, y estar preparado para una relación profunda y amorosa. Ahora tengo una y he estado en el cielo durante veintidós años. Ojalá hubiera conocido esta obra hace cuarenta años. Me hubiera ahorrado mucho dolor. Me ha llevado toda una vida aprender las lecciones que John presenta en este precioso libro. Si te aplicas estas ideas a ti mismo y a tus relaciones, cambiarán tu vida.

—Dan Strodl, director de Miracle Network y editor de la revista *Miracle Worker* [Obrador de Milagros].

La vida de John Campbell es una lección de perdón al estilo de *Un curso de milagros*. En otras palabras, él ha sido capaz de envolver a todas las personas y cosas con las que se encuentra con amor, compasión y comprensión, y todos crecen y sanan en el cálido brillo de su profunda aceptación. Este libro es un testimonio de esa vida, el hermoso relato de un viaje personal que se convierte en una alegoría colectiva del emerger, de la plenitud y de la esperanza.

—Maurice Taylor, psicoterapeuta especializado en matrimonios y familias y coautor de *The New Couple: Why the Old Rules Don't Work and What Does*, publicado por HarperCollins.

Todo el mundo se beneficiaría de leer este libro antes de entrar en una relación íntima... ¡Ojalá yo lo hubiera hecho!

—Gary Stevens, ex jugador profesional de fútbol de la selección inglesa, del Brighton & Hove Albion Club de Fútbol, de Tottenham Hotspur FC y de Portsmouth FC.

Lee este libro si quieres una lectura breve que te ayude a alcanzar algunos momentos de apertura y comprensión de tus relaciones personales.

—Doctora M. Samantha Laughton, autora de *Punk Science*, publicado por John Hunt Publishing y *The Genius Grove,* publicado por Paradigm Revolution Publishing.

Me siento muy afortunado dirigiendo una organización internacional porque conozco a muchas personas comprometidas a ayudar a otros a cambiar para mejor. De esas personas, algunas tienen una verdadera capacidad para inspirar el cambio en otros. De estos pocos, algunos, a su vez, tienen el don de producir un gran cambio en el mundo. John Campbell es una de estas personas.

—Tim Laurence, cofundador de Hoffman Institute UK, y autor de *You Can Change Your Life: A Future Different form Your Past with the Hoffman Process,* publicado por Hodder y Stoughton.

John Campbell es una de esas personas muy sabias. Si tienes la suerte de encontrarte con él en tu vida, puedes considerar que de verdad estás bendecido.

—Neil Crofts, autor de *Authentic: How to Make a Living By Being Yourself* y *Authentic Business: How to Create and Run Your Perfect Business*, publicado por Capstone.

Este asombroso libro me capacitó para reflexionar sobre mí mismo y las relaciones de mi vida, ¡y marcó la diferencia! Mientras lo leía, tuve algunos momentos "Eureka" que me han ayudado a entenderme a mí misma de una manera nueva. Además es muy fácil de leer. Se lo recomendaría a todos los que quieran tener relaciones más felices y saludables en su vida. ¡Fascinante y único! ¡Gracias John Campbell!

—Caroline Adkin, Maestra de primaria

Si te gustaría sanar alguna relación difícil, o mejorar las buenas, en esta gema de libro vas a encontrar un montón de herramientas prácticas. John Campbell sintetiza muchos años de su viaje personal y de sus estudios para presentar una serie de herramientas claras, concisas y prácticas que harán de tus relaciones la bendición que pueden llegar a ser. Valoro sobre todo que John incorpora principios clave de *Un curso de milagros* y otras fuentes espirituales para llevar las relaciones al nivel más elevado. Este es un libro muy recomendable si estas buscando paz profunda, armonía, resolución y alegría en los vínculos que más valoras. ¡Muchas gracias por este regalo dorado!

—Alan Cohen, autor de los éxitos de ventas *A Course in Miracles Made Easy, Are You as Happy as Your Dog?, The Dragon Doesn't Live Here Anymore* y *The Mystical Messiah*.

CONTENIDOS

Dedicatoria

Dedico este libro a mi maravillosa compañera en la vida, la doctora Anne Campbell. Ella es mi pareja en la enseñanza y en la vida, mi gran compañera. Por el maravilloso coraje y compromiso que muestra con su propio crecimiento y sanación. Por su espíritu indomable, su risa constante, su diversión y alegría, y por permitirme del todo ser yo mismo. Te amo.

Nota del autor

Por favor, aplica tu don intrínseco de discernimiento a la información que se ofrece en este libro, recordando siempre las sabias palabras del Buda Gautama.

No creas en nada porque ha sido dicho por una autoridad, o si se dice que viene de los ángeles, o de los dioses, o de una fuente inspirada. Créelo solo si lo has explorado en tu propio corazón, mente y cuerpo y has encontrado que es verdad.
Resuelve tu propio camino, con diligencia.

—Gautama Buda

Prólogo

¡Felicidades por descubrir este librito!

En cuanto empecé a leer el libro que tienes entre manos, me sentí muy animado. Pensaba que en el curso de mi vida ya había aprendido una o dos cosas sobre las relaciones, pero, mientras leía las páginas siguientes, experimenté verdaderas epifanías. Parecía tan evidente; me preguntaba cómo no me había dado cuenta antes.

Hubo un tiempo en que habría descartado con rapidez los principios de este libro: no estaba preparado para ver cómo y por qué las circunstancias de mi vida se desplegaron como lo hicieron. Pero, por fortuna, las circunstancias difíciles me impulsaron a ahondar en el autoanálisis, y me ofrecieron la oportunidad de experimentar la validez de las comprensiones que se describen en las páginas siguientes.

Siempre me sentiré agradecido por la paciencia, honestidad y sabiduría del autor. Él ha escrito aquí algo muy especial: una guía simple, compacta y al mismo tiempo exhaustiva, que será apreciada por todos aquellos que tengan la suerte de leerla. Este es el tipo de libro que leerás una y otra vez a lo largo de los años con una comprensión cada vez mayor, encontrándole nuevos significados a medida que tus experiencias se amplían.

He conocido al autor durante más de cuarenta años y he tenido el privilegio de observar los asombrosos cambios que ha ido introduciendo en su propia vida, y en las vidas de sus familiares y de las personas con las que entra en contacto, y que están preparadas para una manera más saludable de relacionarse consigo mismas y con los demás. Ves, el autor es mi padre.

Entender los principios que exponen aquí me ha permitido atravesar los momentos más difíciles de mi vida; y ha sido beneficioso no solo para mí, sino para mis hijos.

Confío en que encuentres este librito tan valioso como lo ha sido para mí. Gracias por todo, papá.

Paul Campbell

Agradecimientos

Todo el mundo llega a nuestra vida por alguna razón, algunos para una temporada y otros para toda la vida, y todas las personas con las que he entrado en contacto han sido mis maestras y mis alumnas. Con frecuencia, una vez que las lecciones han sido impartidas, puede ocurrir algo que cause el final de la relación, y esto siempre está perfectamente "arreglado y organizado". En otras situaciones nuestra relación puede durar mucho tiempo —tal vez en un matrimonio, o en un vínculo romántico a largo plazo— y después llega a su final natural. Asimismo, si ambas partes han aprendido lo que tienen que aprender, a veces sienten que lo correcto es pasar a otra cosa. Tales relaciones entran en la categoría de "temporales" y a veces puede ser muy difícil llevarlas a su conclusión.

Después están las relaciones "para toda la vida". En general se trata de padres, hijos y otros con los que a menudo, aunque no siempre, nos encontramos conectados por líneas de sangre. Estas son las oportunidades más poderosas de crecer, pues suelen ser aquellas en las que tenemos una mayor inversión emocional y crean numerosas oportunidades de perdonar.

Kenneth Wapnick, un gran maestro de *Un curso de milagros*, escribió un libro titulado: *Padres e hijos: nuestra aula más difícil,* donde describe con brillantez las dinámicas de estas relaciones.

Me gustaría ofrecer un reconocimiento especial a las personas con las que estoy vinculado "para toda la vida" por todo lo que me han enseñado.

Mis padres, ahora ambos en Espíritu. Mi madre, Joan Brotherton Campbell (nacida Spencer), y mi padre adoptivo, Percy Robert Campbell. Ambos me enseñaron la lección más importante de mi vida —el perdón— y me dieron numerosas oportunidades de practicarla, aunque en aquel tiempo no la practicara.

Como no perdoné de niño, en mi vida adulta atraje relaciones de "amor" (lo que *Un curso de milagros* llama "relaciones especiales") que me reflejaron diversas cosas que no había perdonado con respecto a mis padres.

Estas lecciones me fueron reflejadas por Sonia, Sherrill, Linnet, Mary, Anita, Kamala y, más recientemente, Annie. Me siento agradecido a todas ellas por las oportunidades de crecer que me ofrecieron.

Las otras personas que son "para toda la vida" son, por supuesto, mis hermanos y hermanas. Mi hermanastra Pam Price, que me ayudó cuando éramos niños, y mi hermanastro, Peter Campbell, ahora en Espíritu. Me siento agradecido de haber tenido la oportunidad de pasar tiempo en intimidad con él antes de su fallecimiento. He sido bendecido con seis magníficos hijos: Jaquie, Paul, Sarah, Lisa, David y Rachel han sido unos maestros increíbles para mí, y me siento muy agradecido a ellos por haberme elegido para ser su padre... Si este concepto de que los hijos eligen a sus padres te suena un poco "extraño", por favor no te preocupes, porque a mí me ocurrió lo mismo la primera vez que me lo sugirieron. Sin embargo, mi viaje posterior ha hecho que sea comprensible para mí.

Sentiría que la dedicatoria está incompleta si no mencionara a mi maravilloso yerno, Ross Millard. Él ama mucho a su esposa, nuestra hija Sarah, y es un padre asombroso para sus hijos Halle y Rafe. ¿Qué más podríamos pedir? En la sección "Las lecciones del amor" del capítulo 5 de *Un curso de milagros* hay una línea que dice: "Enseña solo amor, pues eso es lo que eres"; estoy muy agradecido de que Ross esté en mi vida.

También he sido bendecido con seis (en el momento de escribir esto) fantásticos nietos: Mike, Sophia, Olivia, Halle, Josh y Rafe, todos ellos almas muy hermosas y también maestros muy sabios.

No he experimentado lo que es tener abuelos, pues no conocí en vida a ninguno de los míos. Hablé unas pocas palabras por teléfono con mi abuelo materno, Geoffrey Spencer, que vivía en Canadá, cuando tenía nueve años. Ese fue el único contacto que tuve con mis abuelos. Todos los demás ya habían fallecido cuando yo nací.

De modo que ser abuelo ha sido una experiencia extraña para mí y con frecuencia me he descubierto preguntándome a mí mismo: "¿Cómo se hace esto de ser abuelo?". Pero esos profesores magistrales, mis nietos, me han enseñado mucho, y me siento agradecido por sus enseñanzas.

Por último quiero expresar mi gratitud a todos mis amigos, colegas, profesores y clientes que me han ayudado a crear este libro. A tantos que han compartido conmigo las experiencias de sus relaciones privadas y me han hecho darme cuenta de lo comunes que parecen ser estos principios:

Aquí están incluidos Seana McGee y Maurice Taylor, Tim Laurence y Serena Gordon, Mary Chandler, Sue Lawson, Elaine Clark, Heather Pozzo, Penny Wilmot, Vicky Giles, Binnie Dansby, Patrick Houser, Frank y Caroline Runge, Roald y Brit Goethe, Gavin y Kelley Moran, el fallecido Paul Carman, Mark Phillips, Jim Lindsay, Russ y Bridget Newlyn, Joyce y Gerry Gray, Gary Stevens, Kate Petrie, Ollie Clinch, Neil Cakebread y Anthony Benedict. A todos mis amigos en los diversos grupos de UCDM en los que he tenido el privilegio de participar en tantos países del mundo, incluyendo a nuestra maravillosa familia UCDM. Dan Strodl, Teresa Yinnaco, Ian Patrick, Sharon Scarth, y todos los que ayudan en The Miracle Network y a quienes se unen a su meditación grupal de los miércoles. A los maravillosos y poderosos compañeros del grupo de estudio que Annie y yo hacemos cada lunes, entre los que se incluye a Noreen Kelty, Evie Armstrong, Kate McNeilly, Thui Prag, Elaine Clark, Jacquie Clavey-Weedon, Mahin Driskill, Melanie Bloch y, más recientemente, nuestro hijo Paul Campbell (que también tuvo la amabilidad de escribir el prólogo de este libro). También a los inspiradores maestros del Curso, de cuyos libros y talleres he disfrutado tanto: Carol Howe, Alan Cohen, David Hoffmeister y Gary Renard. Cada uno de vosotros me ha recordado, a medida que practico estos principios, la importancia del humor y que siempre he de acordarme de reír.

También hemos disfrutado unas conexiones maravillosas con nuestros amorosos amigos de España. Beatriz Cánovas, Alberto Machín, Chiqui, Alejandro Amigote, María del Mar, Mario y Sabine de la pequeña isla canaria de El Hierro; y Sue & Neal Dunkley, Karen Whitworth, Jenna Mincheva, Nerea Crespo y Montserrat Giner en la tierra continental de ese precioso país, España.

Estos reconocimientos no estarían completos sin dar gracias al equipo de John Hunt Publishing por haber aceptado mi libro y por su ayuda en el proceso de llevarlo a su fructificación. También a nuestra amiga y profesora de *Un curso de milagros* Ann-Marie Marchant, que me presentó a la gente de John Hunt Publishing. Me siento muy agradecido a todos vosotros.

Para finalizar, siento una profunda gratitud por los fallecidos doctores Helen Schucman y William Thetford. Ellos fueron los escribas originales de *Un curso de milagros*. Su dedicación ha ayudado a cambiar las mentes de millones de personas de todo el mundo, incluyéndome a mí mismo, con respecto a la verdad de quiénes somos, y nos ha dado herramientas para generar paz interna. Una paz que "está más allá del entendimiento" y no depende de nuestras vidas externas. Su memoria vivirá para siempre.

Introducción

Lo que me inspiró a acabar de escribir este libro fue una experiencia que tuve en 2007. Estaba viajando en un autobús Greyhound desde San Francisco, donde había estado visitando a un editor, a Vancouver, Canadá, para visitar a la que entonces era mi compañera. El autobús estaba lleno y acabé sentado al lado de una mujer de Croacia. Empezamos a charlar, y surgió el tema de cómo nos ganábamos la vida. Le expliqué que era *coach*, y también estudiante y profesor de un curso de autoestudio titulado *Un curso de milagros*, y que, como me había ayudado tanto a entender mi vida y mis relaciones, me sentía apasionado por compartir esta información con otros. Esto impulsó a la mujer a describir su propia historia relacional, en apariencia triste.

Le interesaba saber si podía arrojar alguna luz en cuanto a las razones por las que ella había encontrado tanto dolor. No nos quedaba mucho para llegar a nuestro destino y por tanto describí, con tanta brevedad como pude, el propósito de las relaciones, la ruta habitual que la mayoría de ellas siguen, y las razones por las que siguen dicha ruta. Y con la parte de atrás del reposacabezas del asiento anterior haciendo de pizarra improvisada, dibujé con el dedo índice la figura del aspecto que tiene un sistema familiar saludable (véase el primer diagrama del capítulo 8).

Después de mi brevísimo "seminario", esta mujer me miró asombrada y declaró: "Acabas de explicarme toda mi vida en veinte minutos, ¡sin apenas saber nada de mí! ¡Deberías escribir un libro!". Le di las gracias y cada uno seguimos nuestro camino. Aquello fue un punto de inflexión para mí, porque la semilla que había sido sembrada en mi mente por fin enraizó. Antes de esa experiencia había tenido encuentros similares con muchas personas de diversas nacionalidades y edades que me habían animado, de un modo u otro, a crear la obra que ahora tienes en tus manos.

Mi intención es ofrecer una guía introductoria, breve y simple, para abrir una ventana de conciencia sobre la naturaleza de las relaciones íntimas y cómo puedes hacer que estas uniones resulten duraderas, saludables y satisfactorias en tu vida. Si así lo deseas, al final del libro encontrarás una amplia sección de recursos para ayudarte a ampliar el aprendizaje.

Hay miles de libros disponibles sobre este tema que exponen teorías similares a las contenidas en estas páginas. Muchos de ellos son recursos excelentes, y algunos son voluminosos y pueden resultar abrumadores, sobre todo para los jóvenes y para quienes no han estado expuestos a la teoría de los sistemas familiares y otros conceptos psicológicos. También confío en que este libro satisfará a quienes, como yo, cuando quieren algo, lo quieren ya.

Aunque he tenido una formación excelente y he trabajado con algunos de los mejores terapeutas familiares disponibles, mi mayor contribución a este tema es mi propia experiencia, en ocasiones muy dolorosa: tanto cuando era niño y crecí en un sistema familiar disfuncional, y también como esposo y padre en sistemas similares. Podría decir que en el mundo de las relaciones: "Lo he visto, lo he hecho todo muchas veces, ¡y hasta tengo la camiseta!". Sabiendo bien que solo puedo ayudar a otros en la medida en que yo mismo he sanado, también mantengo el compromiso de seguir trabajando en ampliar mi propia curación.

A medida que leas este libro, te animo a que mantengas la mente abierta, a que veas lo que tiene sentido para ti, tomes lo que te ayuda y dejes el resto, aunque también te animo a no descartar nada de partida. Con frecuencia me descubro diciendo con respecto a alguna enseñanza que puedo haber oído hace tiempo: "Oh, ahora veo a qué se refería. Ahora tiene mucho sentido", cuando antes podría haberla considerado pura basura.

El hecho de que ahora tengas este pequeño libro en las manos es evidencia de que puedes darle un uso importante. Solo puede haber otra razón para haberlo elegido: puede ser que tengas un amigo íntimo o conocido que necesita la información que contiene. En tal caso, lo sabrás intuitivamente, y también sabrás qué hacer con él.

Si hay una lección que se me está demostrando todo el tiempo, cada día de mi vida, es esta: en tu mundo, nada, absolutamente nada ocurre por accidente. Tal vez descubras que tu mente se esfuerza por entender los conceptos que se comentan en estas páginas. Incluso es posible que te resulte difícil leer el libro. Si hay algún impedimento de algún tipo, te recomiendo que no te fuerces. Ponlo junto a tus demás libros y te garantizo que llegará el momento en que te vendrá de manera misteriosa a la mente, e incluso un día se caerá al suelo delante de ti. Esa será la señal de que estás preparado para recibir la información que contiene. Hay un dicho muy sabio: "Cuando el estudiante está preparado, el maestro aparece", y esto también me ha sido demostrado una y otra vez.

Al principio de mi camino del despertar, experimenté este concepto de primera mano cuando un amigo me recomendó que leyera *Las nueve revelaciones*, de James Redfield. Soy un alumno muy dispuesto y apasionado, de modo que compré el libro de inmediato y también la versión de audio, ¡pensé que sería una buena idea! En cuanto llegaron, inserté emocionado la cinta en el aparato de sonido de mi coche y empecé a escuchar el primer capítulo. Recuerdo que pensé: "¿Qué es esta basura?". ¿Te das cuenta de mi tendencia a juzgar? Incluso es posible que este tipo de respuesta te sea familiar. Bien, en cualquier caso, como no me desaliento con facilidad, cuando llegué a casa, empecé a leer la versión en papel, pensando que podría entender las palabras escritas con más facilidad. No tuve esa suerte. Todo me parecía un sinsentido. Disgustado por lo que sentí que era un desperdicio de mi dinero, lancé descuidadamente el libro en el armario de una habitación. Entre tanto, continué con mi aprendizaje y un día, como seis meses después, me descubrí buscando algo en ese mismo armario. Mientras revisaba lo que contenía, la copia de *Las nueves revelaciones* cayó a mis pies. Casi podía oír que me llamaba: "Ahora estás preparado. ¡Por favor, recógeme y léeme!". Seguí la señal y escuché mi floreciente voz interna. Recogí el libro y me senté para volver a intentar leerlo.

Devoré a toda velocidad el mismo libro que seis meses antes había condenado y considerado "basura". ¡Esta vez no podía dejar de leerlo! Mi esposa e hijos habían ido a visitar a unos familiares e iban a estar fuera todo el día. Para cuando regresaron había leído el libro de principio a fin, y había pedido el siguiente libro de la serie de James Redfield, *La décima revelación*. Cuando intenté leer el libro por primera vez, no tenía los "conceptos básicos" en su lugar para poder entenderlo. Como el alumno no estaba preparado, ¡el maestro no podía aparecer!

He querido que este libro concreto fuera lo bastante pequeño como para caber en tu bolso o bolsillo cuando vayas a tener esa importantísima primera cita. Ahí es cuando las personas suelen mostrar su mejor comportamiento, de modo que si suena en tu cabeza la menor señal de alarma, pero tu crítico interno te susurra: "Oh, no seas tonto, ¡eso solo es tu imaginación! Además, eres demasiado sensible y tus criterios son demasiado exigentes", puedes escapar al baño armado con este librito. Si una mirada rápida a las palabras escritas en estas páginas te confirma que tu cita no es la persona adecuada para ti, sal de allí con educación y sin vacilar. A continuación, cuando llegues a la seguridad de tu hogar, puedes felicitarte por "avistar el agujero en el camino y evitarlo, en lugar de caer en él".

Las líneas siguientes, que me ofrecieron en mi formación como terapeuta, describen con brevedad muchas de nuestras experiencias relacionales:

Una vez iba caminando por la calle y caí en un agujero que no había visto.

Estaba muy confuso. Me llevó mucho, mucho tiempo salir de él.

Iba caminando por la calle y caí en el mismo agujero. Simplemente no lo vi. Me sentí muy confuso, pero al fin salí de él.

Iba caminando por la calle y vi un agujero, y aún así caí dentro. No podía creerlo. Esta vez salí con rapidez.

Iba caminando por la calle, vi un agujero y caminé alrededor para evitarlo.

Tomé otro camino.

Capítulo 1

El verdadero propósito de las relaciones íntimas

En muchos de nosotros, los patrones multigeneracionales, los medios de comunicación, y diversas otras vías han llevado a cabo un lavado de cerebro sutil para hacernos creer que el objetivo de las relaciones es encontrar a "nuestra única pareja", enamorarnos perdidamente, casarnos, establecernos, tener una familia y vivir felices para siempre. Se hacen películas, se cantan canciones, se compone poesía y se escriben libros para elogiar esta cosa mágica llamada amor romántico, subrayando que cuando encontramos a la "persona adecuada", nos sentiremos completos y seguros.

La realidad es muy distinta. Por fin aprendí que no podía tener una relación profunda y significativa con otra persona hasta que no desarrollara una relación profunda y significativa conmigo mismo. Hasta que descubrí de verdad quién era yo, hasta que descubrí lo que me hacía vibrar y desarrollé un amor sincero hacia mí mismo, no fui capaz de relacionarme de manera saludable y de amar de verdad a otra persona.

Dediqué la mayor parte de mi historia relacional a intentar conseguir amor de alguna fuente externa a mí, y siempre acababa decepcionado y con el corazón roto.

De niño, busqué con desesperación el amor de mi madre alcohólica, pero a ella le resultó imposible amarme porque el alcohol era la principal relación de su vida, y el sentimiento de desprecio hacia sí misma la acribillaba.

Esto estableció un patrón en mí, a una edad temprana, mediante el cual buscaba el amor de mujeres que, por una u otra razón, eran "inaccesibles". Y, por supuesto, yo también era "inaccesible" para ellas. Continué con este hábito de buscar el amor fuera de mí hasta los cincuenta y tantos, hasta que di con la información que ahora estoy compartiendo contigo.

De manera muy simple, el verdadero propósito de las relaciones íntimas es ayudarse uno a otro, en unión, a curar las aparentes heridas de la infancia y desarrollar una creciente sensación de amor y perdón hacia uno mismo, lo que a su vez facilitará una saludable sensación de interdependencia. Los medios para llevar a cabo este proceso se exploran más adelante en este libro.

Capítulo 2

Los ingredientes esenciales de una relación exitosa

Según mi experiencia, hay dos ingredientes que son absolutamente esenciales para que una relación tenga la oportunidad de sobrevivir a medida que la pareja navega y negocia todas las vicisitudes de la vida diaria familiar y laboral. Es mejor referirse a estos dos ingredientes como "químicas", pues nunca pueden ser fabricados conscientemente, ni aprendidos o desarrollados en una relación, del modo en que es posible desarrollar otros atributos, como la paciencia, la tolerancia o la consideración.

Estas dos químicas son:
- La química física o sexual.
- La química de mejores amigos.

Te animo a leer dos libros, *The New Couple* y *What is the State of Your Union?,* de dos maravillosos terapeutas relacionales y maestros de este campo, Seana McGee y

Maurice Taylor, que han descrito con brillantez y gran detalle el significado de estos dos ingredientes esenciales. Aquí voy a abordar un par de puntos relevantes.

La química sexual es distinta del deseo lujurioso, y con frecuencia se puede confundir con él. Defino el deseo como la existencia de una energía sexual fuerte que te permite practicar el sexo con alguien sin encontrar su físico particularmente atractivo.

A veces esto ocurre cuando los individuos están bajo la influencia del alcohol o de las drogas. Cuando hablo de química sexual, me refiero a una situación en la que dos personas sienten una fuerte atracción sexual y cada una de ellas encuentra a la otra hermosa a nivel físico.

Cuando alguien está bajo la influencia de cualquier droga recreativa, como el alcohol o la marihuana, e incluso de medicaciones recetadas que alteran el estado de ánimo, como antidepresivos y tranquilizantes, la sensación de euforia física o emocional puede confundirse con las químicas sexual y de mejores amigos que hay en una relación.

Bajo el efecto de estas sustancias, tu equilibrio mental queda alterado, y por tanto no es de extrañar que en esos estados se tomen muchas decisiones poco saludables, y no solo en el campo de las relaciones.

He aquí un ejemplo de una de estas decisiones que yo tomé: en una ocasión, después de una comida en la que corrió el alcohol, salí y pagué dinero en metálico por un Jaguar XJS deportivo de dos asientos. Ahora bien, tú podrías decir: "¿Qué hay de malo en eso si puedes permitírtelo?". Bueno, tienes razón, solo que en mi caso estaba casado y tenía cuatro hijos pequeños, por no añadir que mido un metro noventa y cinco de altura, y hasta me costaba sentarme en el asiento del conductor. Si hubiera estado sereno y mi equilibrio mental no hubiera estado alterado, nunca lo habría hecho. Al día siguiente, ya sobrio, lo devolví al concesionario, aunque la devolución supuso una importante pérdida de dinero.

De modo que tanto la química sexual como la de mejores amigos tienen que estar presentes al comienzo de la relación. A pesar de que pueden menguar, y a menudo lo hacen en una relación a largo plazo, si estas químicas no están presentes al principio, no se podrá evitar que la relación haga aguas en un momento u otro.

Ninguna cantidad de terapia puede crear las químicas ausentes, pero una terapia de calidad sin duda ayudará a reactivar las químicas que estuvieron presentes al inicio, pero han empezado a menguar. Si las químicas nunca estuvieron presentes al principio o si los miembros de la pareja no son compatibles, una terapia de calidad puede llegar a ser muy valiosa durante la disolución de cualquier relación.

Tal vez te sorprenda aprender que numerosas parejas se embarcan en una relación seria y comprometida sin que una u otra de estas dos químicas estén presentes. Y en algunos casos no está presente ninguna de ellas. A partir de ahora me referiré a estas uniones como "incompatibles", puesto que en verdad lo son, y tienen pocas probabilidades de ser satisfactorias para sus miembros.

Quizá te preguntes: "¿Por qué debería uno emparejarse con alguien con quien no siente ambas químicas?".

Es más común de lo que crees, y la razón más probable es que esas personas estén recreando lo que han visto en la relación entre sus padres. Repetimos invariablemente estos escenarios insatisfactorios por el simple hecho de que nos resultan familiares. Nótese que el adjetivo *familiar* viene de la palabra familia.

Las uniones incompatibles también son comunes en culturas donde la norma son los matrimonios concertados. En dichas uniones, los padres y/o abuelos eligen a las parejas de sus hijos. Aquí es muy importante mencionar que esto no significa que todos los matrimonios concertados sean incompatibles. Si la joven pareja tiene mucha suerte y esas dos químicas están presentes cuando se casan, pueden sentirse agradecidos por la elección de sus padres.

Sin embargo, por desgracia, muchas de estas uniones se basan en la capacidad del hombre para proveer sustento económico y en la capacidad de la mujer para tener hijos.

Es posible que estos sean ingredientes importantes, pero si no están presentes las dos químicas esenciales, es poco probable que la pareja sea capaz de crear una relación mutuamente gratificante, sin tener en cuenta la longevidad de la unión.

Con mucha frecuencia, en estas uniones incompatibles, la relación progenitor-vástago toma prioridad sobre el vínculo entre los miembros de la pareja, y se convierte en la relación primaria dentro del seno de la familia. La disfunción resultante puede tener consecuencias a largo plazo que en algunos círculos se definen como "incesto emocional". Esta descripción puede sonar muy dura, pero creo que debe serlo porque este síndrome inflige un daño profundo a todos los implicados.

Aunque los matrimonios concertados ya no son tan comunes como en generaciones anteriores, los hijos de estos enlaces tienen como modelo la unión incompatible. A continuación estos niños crecen, y pueden sentirse inconscientemente atraídos hacia una pareja incompatible, a pesar de que, en apariencia, la suya haya sido una elección libre y no haya sido tomada por los padres.

Si deciden tener hijos, es posible que continúen con el mismo patrón, y así los dolorosos tentáculos de estas uniones incompatibles se abren camino de manera insidiosa generación tras generación hasta que alguien rompe la cadena.

Es interesante observar que, cuando una pareja incompatible tiene más de un hijo, a menudo uno de ellos, cuando crece, vuelve a elegir una pareja incompatible, mientras que los demás eligen parejas en las que están presentes las dos químicas. Es casi como si, hasta que no se explora la incompatibilidad de los padres y se reconoce abiertamente, trayéndose a la conciencia de todos los involucrados, uno de los retoños de la unión necesita conservar la memoria de la incompatibilidad dentro de ese sistema familiar.

Es importante recordar que nada de esto ocurre de manera consciente. Otra situación que a menudo ocurre en la incompatibilidad es que la mujer se queda embarazada, y entonces la pareja decide que debería casarse o emparejarse por el bien del niño que está en camino. Si ambas químicas no estaban presentes al comienzo de la relación, los dos principales ingredientes para que una relación sea satisfactoria para ambos seguirán estando ausentes.

La ausencia de una o de las dos químicas al comienzo de cualquier relación probablemente se manifestará en su ruptura en algún momento futuro.

Una vez más, cuando crecen los hijos de este tipo de unión, es posible que repitan el patrón de elegir una pareja incompatible, y así la cadena sigue adelante. Por eso te animo a que examines de cerca la relación entre tus padres. Te ofrecerá una comprensión importante de los patrones familiares, ofreciéndote la oportunidad de resolver y romper cualquiera de los patrones que no lleve a una relación satisfactoria para ambos.

He hablado con cientos de individuos que han descrito la relación entre sus padres como incompatible, y el hilo más común en sus descripciones era la existencia de una rabia extrema en ambos miembros de la pareja.

A menudo esto surge de la creencia errada de que están atascados y de que son víctimas impotentes de su situación. Se han dicho a sí mismos que tienen que quedarse "por el bien de los niños".

En algunos casos, esta rabia es muy manifiesta en uno o en ambos padres; es decir, uno o ambos "expresan" la furia. A menudo a esto se le suele denominar "enfado agresivo", y se caracteriza por gritar, chillar, pegar, provocar, señalar con agresividad, interrogar, amenazar, ridiculizar y condenar.

También hay casos en los que uno o los dos miembros de la pareja "contienen" esta rabia. A esto se le suele llamar "enfado pasivo/agresivo". Puede parecer muy distinto, pero no es menos devastador para todos los implicados. Con frecuencia lleva a la depresión (el enfado y otras emociones están siendo "de-presionadas") y a menudo se caracteriza por la dependencia del alcohol y/o las drogas.

En lugar de afrontar la dolorosa verdad de esta incompatibilidad, a menudo los individuos involucrados atemperan el dolor de la relación solitaria e insatisfactoria mediante un uso excesivo del alcohol, de drogas ilegales, de drogas legales como los antidepresivos, o de un exceso de trabajo. Este enfado pasivo/agresivo suele estar caracterizado por el sarcasmo, el ridiculizar, la crítica, el desprecio, la provocación, la comparación desfavorable con otras personas, las acusaciones, el culpar, el tratamiento silencioso y la represión.

Con la risa excesiva y los chistes habituales puede parecer que reina una aparente "felicidad". Pero, cuando miras más de cerca, a menudo la risa no es natural ni fluye libremente con una energía alegre, sino que de forma sutil está teñida de juicio y ridiculización.

Muchas personas preguntan: "¿Cómo podemos saber cuando tenemos estas químicas sexual y de mejores amigos?". Es una muy buena pregunta, sobre todo porque el deseo suele confundirse con la química sexual. Me gustaría compartir una historia verídica sobre el primer consejo que recibí sobre este tema para distinguir entre la química sexual y la lujuria.

Yo era un ingenuo cadete de diecisiete años en la Marina Mercante. Todavía era virgen y no tenía experiencia alguna en relaciones románticas en la que basarme. Estaba hablando de diversos asuntos con mi superior, el segundo oficial de guardia mientras contemplábamos desde el puente de la nave la negrura de la noche, avanzando por las cálidas aguas del Golfo Pérsico.

El segundo oficial, John Wilkins, era un hombre de mundo. Era inteligente, en apariencia confiaba en sí mismo y tenía un agudo sentido del humor. También tenía ese acento característico del colegio Eton y de las clases altas inglesas que alude a un conocimiento superior. Parecía ser la persona perfecta para aconsejarme sobre esta cuestión que rondaba mi mente.

—Señor —comencé nerviosamente—, ¿cómo sabe uno que está enamorado de verdad?

Estaba ansioso por oír su respuesta porque nunca había sido testigo de que mis padres estuvieran "enamorados" el uno del otro, como imaginaba que el término quería decir.

Alejó el rostro de la cálida brisa y me miró a los ojos:

—Campbell —empezó con gran autoridad—, cuando puedes ver a tu pareja sentada en el retrete y todavía sientes la misma calidez y ternura hacia ella, sin sensación de disgusto o revulsión —y ella siente lo mismo hacia ti en la situación inversa—, entonces ambos sabéis que estáis enamorados.

Cincuenta años después todavía creo que dio con una gran descripción de lo que yo he llegado a entender como "química sexual". Es como si vuestros dos cuerpos se amaran tanto el uno al otro, casi con independencia de vuestras mentes, que nada con respecto al cuerpo del otro es capaz de hacer que lo rechaces. No importa qué tamaño o forma acabe teniendo. No importa en qué situación veas a tu pareja, es imposible sentir ninguna aversión o disgusto por su cuerpo ni por cualquiera de sus funciones. Esto es lo que yo he llegado a experimentar como química sexual. Puedo decirte que, en mi historia relacional, ¡sin duda he sabido cuando esto no estaba presente y la lujuria había tomado el control!

UNA TEORÍA DE LA COMPATIBILIDAD (BAILAR AL MISMO SON)

Tengo una teoría simple sobre la "compatibilidad" basada en la compresión de que todos nosotros somos seres energéticos. Somos seres vibratorios; nuestros cuerpos y mentes, como todo lo demás en el universo, vibran constantemente a diversas frecuencias. Cuando alguien dice: "Me llegan buenas vibraciones de esa persona", en realidad está diciendo que esas dos personas, en algún nivel de su ser, están vibrando a la misma frecuencia, o al menos a una frecuencia similar.

En su excelente libro *El poder frente a la fuerza*,[1] David R. Hawkins detalla cómo fue capaz de calibrar diversas emociones usando la kinesiología. Su trabajo me

1. *El poder frente a la fuerza*, David R. Hawkins, El Grano de Mostaza Ediciones, Barcelona, 2015.

llevó a desarrollar mi propia teoría sobre cómo afecta esta información a las relaciones humanas.

Mi teoría es que, en nuestras conexiones con otra persona, tenemos la oportunidad de interactuar a cinco niveles distintos: físico, mental, emocional, espiritual y por último el nivel del alma. Puedo imaginar que la pareja perfecta es cuando las dos personas vibran a las mismas o muy similares frecuencias en estos cinco niveles de su ser.

Imagina lo satisfactoria que sería dicha unión. Sugiero que esto es muy raro, y que cuando las parejas experimentan una situación así, pueden referirse uno al otro como "mi llama gemela".

El reto consiste en que en las relaciones íntimas, como en todos los elementos que vibran, las frecuencias pueden cambiar. El doctor Hawkins explica que diferentes emociones tienen diferentes vibraciones. El enfado, el resentimiento, el odio, los celos, la apatía y la tristeza son, todas ellas, frecuencias vibratorias bajas; mientras que la alegría, la felicidad, la gratitud, la compasión y el perdón son frecuencias más altas.

Cuando uno de los miembros de la pareja toma la decisión de empezar a hacer algún tipo de terapia o trabajo de desarrollo personal, y el otro no le sigue, esto puede alterar la relación. La frecuencia de la persona que empieza a limpiarse comienza a cambiar, y así la pareja ya no vibrará a la misma frecuencia.

Aquello que ingerimos en el cuerpo a modo de comida y bebida también afecta a la vibración personal. El alcohol, el tabaco y las drogas (incluyendo las medicinas recetadas) tienen una vibración inferior a la del agua, los zumos de fruta naturales y las verduras frescas. No estoy juzgando ninguna de estas cosas como buena o mala: es solo que vibran a frecuencias distintas.

Es interesante indicar que, en los matrimonios donde uno de los miembros es alcohólico o drogadicto, muy pocas de estas uniones sobreviven cuando el adicto se mantiene sobrio o abandona las drogas, y el otro miembro elige no realizar algún trabajo de limpieza por su cuenta.

En mi opinión, la razón de esta estadística es que en general la vibración de la persona sobria cambia de forma tan drástica que su pareja se enfada. Esta diferencia de vibración significa que ya no resuenan el uno con el otro. Ya no "bailan al mismo son", por así decirlo.

Examinemos ahora las etapas que previsiblemente se desplegarán en las relaciones. Es curioso, mi experiencia de estas etapas no se limita a las relaciones íntimas; parece desplegarse un patrón similar en todas las relaciones, incluyendo los amigos y compañeros de trabajo.

Capítulo 3

Las tres etapas de las relaciones

Hay tres etapas que la mayoría de las relaciones siguen:

Primera etapa: Euforia/Luna de miel/Embriaguez

Lo que en *Un curso de milagros* se denomina "relación especial".

Segunda etapa: Lucha de poder o conflicto

Lo que en *Un curso de milagros* se denomina la aceptación de que "debe haber otra manera mejor" (UCDM, T-2.III).

Tercera etapa: Etapa pacífica o interdependiente

Cuando se acepta la relación como una herramienta de aprendizaje. Cuando los miembros de la pareja piden ayuda y empiezan a entenderse uno al otro y a asumir el cien por cien de la responsabilidad por sus propias acciones. *Un curso de milagros* se refiere a esto como la relación santa.

La **primera etapa** es una sensación bien conocida de dicha y euforia. Ninguno de los miembros de la pareja puede hacer nada mal, o, si lo hace, se pasa por alto. Esta etapa tiene una vida limitada. Tiene que acabar; por más que detestemos la idea, la "droga" acaba disipándose. La duración de esta etapa puede ser tan breve como un mes o tan larga como un par de años, pero raras veces excede este tiempo. Cualquiera que sea la experiencia individual del tiempo, como la noche sigue al día, la pareja entrará en la segunda etapa.

La **segunda etapa** está caracterizada por la competición, por las luchas de poder y diversos grados de conflicto. Aquí es importante indicar que esta segunda etapa solo parece desarrollarse cuando se ha establecido algún tipo de compromiso con la relación. Podría tomar la forma de un matrimonio oficial, o de que la pareja comience a cohabitar, o si la mujer se queda embarazada y toman la decisión de tener el bebé. Es casi como si una fuerza invisible dijera: "De acuerdo, ahora que hay compromiso, ¡podemos empezar a sacar la porquería!". Durante esta etapa se suelen presentar tres escenarios.

El conflicto puede ser tan severo que la pareja interrumpa la relación y ambos sigan caminos separados.

Uno de los miembros pueden levantar la bandera blanca de la rendición y convertirse en víctima, mientras que el otro se convierte en el perseguidor o controlador. En esta situación, el controlador a menudo puede tener una actitud de "A mi manera, o si no, adiós", y la otra parte puede asumir una actitud de obediencia y victimización. No obstante, no te equivoques: este escenario es desdichado para ambos.

Puedes haber visto casos en los que una pareja haya seguido junta durante cincuenta años, pero ambos se sienten desdichados con el otro, lo llevan escrito en la cara, y a menudo uno o ambos se entregan al alcohol para ocultar el dolor y la soledad.

En algunos casos pueden incluso desarrollar de manera inconsciente una enfermedad y morir para "abandonar" la unión feliz. Mis propias experiencias me han mostrado de manera continuada que cuando mis acciones no están alineadas con lo que siente mi corazón, y no emprendo acciones para remediarlo y hacer lo que el corazón me suplica, la "vida" acaba emprendiendo la acción requerida. Y, a la larga, puede resultar aún más dolorosa.

John Lennon captó muy bien el dolor camuflado de la gente en la letra de su canción *Crippled Inside [Tullido por dentro]*. Por desgracia, las parejas que sienten que están en una relación infeliz no suelen tener ni idea de cómo remediar su situación. Exploraremos más adelante lo que les lleva a soportarla.

La pareja es consciente de que tiene la química necesaria para persistir a largo plazo, y toman la decisión compartida de conseguir ayuda. La "ayuda" puede venir en forma de terapia, de leer libros como este o de asistir a talleres, pero han establecido el compromiso de hacer lo que sea necesario para sanar sus "asuntos" e impulsar su relación.

Cuando se presenta el tercer escenario que hemos descrito antes, y está claro que la pareja comenzó con las químicas necesarias, tiene una buena oportunidad de disfrutar de la **tercera etapa final** de paz e interdependencia saludable. Ahora cada uno de ellos es un individuo completo que experimenta una interdependencia saludable en lugar de una codependencia malsana. Ya no dependen cada uno del otro para llenar un aparente vacío. Y en las ocasiones en que podrían volver a deslizarse hacia esa manera destructiva de pensar y actuar, son conscientes de lo que está ocurriendo y tienen las herramientas para lidiar con ello. A esto es a lo que *Un curso de milagros* se refiere como Relación Santa.

Ahora ambos están asumiendo el cien por cien de responsabilidad por todos sus sentimientos y experiencias. Ambos están cumpliendo el propósito de su vida, apoyándose mutuamente, y el vínculo entre ellos no hace sino fortalecerse. El sentimiento de necesidad e inseguridad que antes estaba tan presente en la relación ahora se ha convertido en la excepción, cuando antes era la regla. Ahora los dos son más conscientes de que el otro nunca es responsable de lo que ellos sienten, y entienden que a veces la pareja está activando un recuerdo que no han sanado del pasado, enterrado en lo profundo de su mente inconsciente.

¿Cuántas veces has tomado el camino de salida en la primera etapa para acabar descubriendo que tu siguiente relación, después de esa etapa inicial eufórica, empieza a parecerse mucho a la experiencia previa, aunque la persona con la que estás es diferente? Al final, la mayoría de la gente despierta a este hecho y empieza a preguntarse: "¿Por qué me pasa esto cada vez?". Ahora examinaremos las respuestas a esta pregunta.

Capítulo 4

¿Por qué me sigue ocurriendo esto?

Nuestra vida entera es una universidad de aprendizaje, y en todo momento estamos siendo "guiados internamente" para convertirnos en aquello en lo que de verdad queremos convertirnos. Nuestro objetivo último, en mi opinión, es llegar a un punto en el que ya no busquemos amor, compasión y perdón fuera de nosotros, porque hemos aprendido a abastecernos desde dentro.

El modo en que funciona esta universidad es seguir presentándonos situaciones y personas que nos hacen reaccionar, que nos activan en diversas medidas y nos hacen sentir todos los sentimientos que hemos reprimido en el pasado. Aferrarnos a nuestros odios puede causarnos muchos problemas —entre los que se incluye la enfermedad física—, porque el cuerpo expresa lo que la mente reprime. He descubierto que, hasta que llegue a un punto de total perdón de mi pasado y de la gente que estuvo presente en él, la Universidad de la Vida seguirá enviándome personas que me recordarán a esas hacia las cuales todavía tengo resentimientos.

Las relaciones íntimas son las mejores herramientas para descubrir a esas personas y situaciones pendientes de ser perdonadas. De modo que los problemas de nuestra vida son lecciones que todavía no hemos aprendido del todo. En general, en nuestras relaciones adultas recreamos y repetimos las relaciones infantiles hasta que decidimos entrar dentro y hacer el trabajo esencial de perdón. A menudo, estas relaciones repetidas se presentan no solo en nuestras relaciones íntimas con nuestra pareja, sino también en nuestro trabajo y en nuestras interacciones diarias con el mundo en general.

Mi camino de verdadero perdón no comenzó hasta que tenía cincuenta y cuatro años e inicié un trabajo asombroso llamado el Proceso Hoffman. (Véase más sobre este proceso en un capítulo posterior). El primer día, mi profesor australiano, Craig, escribió en la pizarra: "Dondequiera que voy, quienquiera que veo, veo a mamá y a papá, y ellos me ven a mí". Al principio, esto hizo que mi mente saltara por los aires, pero después llegué a aceptar que casi todos los conflictos que tenía en mi vida adulta eran con personas que exhibían patrones de conducta similares a los que me habían molestado en mis padres.

Esto es lo que quise decir antes cuando expliqué que el propósito de las relaciones es curar nuestras heridas infantiles y practicar el perdón. Y recuerda la última parte de la declaración de Craig: "y ellos me ven a mí". Es muy importante que te des cuenta de que la pareja hacia la que te sientes atraído también tiene la oportunidad de perdonar sus propias experiencias infantiles, y se siente atraída hacia ti por las mismas razones. Así, de hecho, formáis la combinación perfecta para que se produzca la curación.

No obstante, el truco consiste en hacer la mayor parte del trabajo de sanación antes de entrar en una relación seria y comprometida, de modo que ya te hayas deshecho del equipaje más pesado de tu pasado, y no necesites que tu pareja active ese material pesado en vuestra relación de amor. Siempre habrá "cosas" que seguirán surgiendo para ser limpiadas, pero puedes deshacer el material más pesado con el tipo de trabajo que mejor funcione para ti.

Para darte un ejemplo de a qué me refiero en el párrafo anterior, imaginemos que uno de tus padres o ambos, o en su caso los cuidadores, te pegaron y abusaron de ti. Si no recurres a la ayuda profesional para ayudarte a resolver todo ese equipaje de abuso y llegar a una sensación de paz en torno a los abusadores antes de comprometerte en una relación, o bien atraerás inconscientemente a alguien que abuse de ti de manera similar, o —y esto puede ser difícil de aceptar— tú te convertirás en el abusador, y dicho abuso puede ser sutil y difícil de captar para un ojo no entrenado.

Sé que una cosa es verdad: o bien "lo resuelves" o bien "lo actúas y expresas", con lo que las consecuencias para todos los implicados, sobre todo para los niños indefensos, pueden ser devastadoras, y es probable que sean transmitidas a la siguiente generación.

Como he explicado antes, ¡el problema es que estas heridas infantiles no salen a la superficie al comienzo de la relación! Cuando las endorfinas fluyen y ambos estáis todavía en la etapa de luna de miel, las heridas no se notan. Y después, una vez que estás comprometido y bien enganchado —en general dentro de los dos primeros años—: ¡bang! De repente, los dos niños pequeños que viven dentro de vosotros salen gritando: "¡Ahora tú puedes ser el papá o la mamá que siempre quise y nunca tuve!". Entonces comienzan las batallas y saltan chispas. Si no se hace nada para conseguir ayuda terapéutica, uno o el otro miembro de la pareja saca la bandera blanca, se rinde, y asume el papel de víctima, mientras el otro asume el papel de agresor. Sin embargo, ambos se sienten muy desdichados en estos papeles; siempre se trata de una calle de doble sentido.

Como alternativa, uno de los componentes de la pareja puede decidir que ya tiene suficiente y prometerse que nunca volverá a cometer el mismo error. No obstante, si no hace un trabajo interno de calidad, acabará entrando en una nueva relación y volverá a repetirse la misma serie de sucesos. O es posible que diga: "Esto es todo, ya no quiero más parejas. Estoy muy contento a mi aire, haciendo mis cosas".

Siento desilusionar a quienes pueden haber adoptado esta postura, pero mi experiencia es que un aspecto del ser humano es este deseo innato de tener una relación íntima y comprometida con otra persona significativa.

En este caso, la realidad suele ser que la persona se siente aterrorizada ante la idea de que pueda volver a repetirse lo mismo y prefiere no correr el riesgo.

Una vez que te haces consciente de este proceso y te comprometes a sanar tus heridas, te asombrará cómo la vida te presentará situaciones aparentemente accidentales que activarán cada uno de los grandes traumas —y más adelante también los menores— que experimentaste mientras crecías. El propósito de este proceso es darte la oportunidad de sentir todas las emociones que reprimiste en aquel tiempo, pues es posible que no fuera seguro para ti sentirlas cuando eras pequeño.

Por lo general será tu querida pareja quien provocará estas reacciones. La buena nueva es que una vez que aprendes a reconocer cuándo te sientes irritado, puedes conectar con la verdadera fuente de tus sentimientos, en lugar de tener la reacción instintiva de culpar a tu pareja por lo que sientes. De hecho, incluso es posible que acabes agradeciéndole por traer estos traumas del pasado a tu mente consciente y darte la oportunidad de sanar.

Capítulo 5

Cómo saber cuándo te está irritando un incidente de tu pasado

La manera más fácil de darte cuenta de que te está irritando un recuerdo inconsciente del pasado es ver que tu reacción a un suceso, persona o incidente es desproporcionado con respecto a la situación actual. Con frecuencia parecerá una reacción infantil porque viene del "niño" no sanado dentro de la persona.

He aquí un ejemplo exagerado: si tu pareja te pisa sin querer los dedos del pie en el supermercado, y empiezas a gritarle y chillarle, y le das una torta en la cara, sugiero que consideres que esa reacción no es proporcional a lo ocurrido. Sé que este es un ejemplo exagerado, pero es de esperar que te dé una idea de a qué me refiero. Ahora voy a describir algunas experiencias de la vida real de estos destellos y recuerdos retrospectivos que activan reacciones intensas.

PRIMER EJEMPLO DE LA VIDA REAL

Una noche, Bob y Sandra tenían invitados a cenar. Bob estaba sentado hablando con los invitados mientras Sandra estaba en la cocina, acabando de preparar la comida. El teléfono sonó cerca de ella y lo descolgó para responder. Más adelante Bob le preguntó quién había llamado, y Sandra dijo que había llamado una amiga para invitarles a cenar la semana siguiente.

Al principio, fue Bob quien presentó esta amiga a su esposa a través de su círculo de contactos, y cuando la esposa explicó quién había llamado, él se enfureció de repente y cuestionó agresivamente a su esposa porque no le había pasado la llamada a él, puesto que esta persona era "su" amiga. (Nótese el elemento "infantil" de su reacción; esta clave indica que se trata de algo que no guarda relación con el presente.) Bob estaba muy enfadado y agitado, pero, gracias a Dios, él y Sandra ya habían realizado mucho trabajo de curación juntos y eran conscientes de estos procesos. Su esposa le indicó que podría estar experimentando un incidente doloroso de la niñez. Esto ayudó a Bob a enfocarse de nuevo en el presente, y enseguida se dio cuenta de que se había activado en él un recuerdo del pasado.

Tomó un minuto para reflexionar y descubrir el incidente original, la verdadera fuente de su enfado. A los pocos momentos, esta escena surgió en su mente consciente. Cuando era niño, entre las edades de doce y quince años, sus amigos solían telefonearle para invitarle a jugar al fútbol con ellos en el parque. Su madre, que era muy controladora, siempre cogía el teléfono primero y mentía a sus compañeros, diciéndoles que Bob no estaba en casa.

Esto se debía a que ella consideraba que Bob era su "compañero" —una situación muy poco saludable— puesto que su padre la había dejado, y no quería que Bob saliera y la "dejara" sola.

Cuando Bob fue a la escuela al día siguiente, sus colegas le dijeron que se lo habían pasado genial jugando al fútbol en el parque y que sentían que hubiera estado fuera cuando le llamaron. Por supuesto, Bob se sintió furioso de haberse perdido esa diversión sana con sus amigos a cuenta de las mentiras de su madre.

En aquel momento fue incapaz de expresar todos estos sentimientos por temor a disgustar a su madre, y así el incidente, junto con su enfado y resentimiento hacia ella, quedaron enterrados en los anales de su mente subconsciente. Aquella noche, cuando la llamada de su amiga activó ese recuerdo, junto con los sentimientos enterrados y asociados a él, Sandra recibió todo el enfado que en realidad estaba dirigido hacia su madre cuarenta años atrás.

SEGUNDO EJEMPLO DE LA VIDA REAL

Geoff estaba comprando con su nueva esposa, Mónica, en un centro comercial cuando ella se dio cuenta de que se había olvidado de pagar algunos productos cosméticos que había comprado en un mostrador unos momentos antes. Mónica era la persona más honesta, bondadosa y generosa que podrías imaginar, el tipo de persona que te daría hasta el último céntimo y nunca se le ocurriría robar nada.

Antes de darse cuenta de su error, Geoff y ella estaban tomados de la mano. Pero, en cuanto ella le explicó el incidente, Geoff se cerró del todo. No quería tener nada que ver con ella, quería salir de allí cuanto antes, y por supuesto no quería darle la mano. Una vez más, un comportamiento "infantil".

Geoff se dio cuenta de inmediato de que estaba sintiendo una activación por algo ocurrido en el pasado y explicó a su esposa que necesitaba apartarse un minuto para descubrir el incidente original y resolverlo. Fue a un lugar tranquilo del centro comercial, se sentó en una silla y entró en sus recuerdos infantiles. A los pocos minutos, la escena original inundó la mente consciente de Geoff.

Cuando solo tenía ocho años, su madre, una mujer muy desequilibrada, solía llevarle consigo en sus incursiones para robar en las tiendas. Geoff explicó que tenía que llenar una bolsa con productos de las estanterías mientras su madre distraía al empleado pidiéndole otras cosas. Imagina el terror, el enfado y la impotencia que habría sentido a aquella edad. Incapaz de expresar todas estas emociones, como Bob en el ejemplo anterior, Geoff las enterró en el fondo de su mente inconsciente, de modo que volvieron a la superficie muchos años después en el centro comercial. En cuanto hubo completado el ejercicio, retornó todo el amor y la cercanía con su esposa. Así, él pudo explicar la causa de sus sentimientos, diciéndole que no tenían nada que ver con ella.

TERCER EJEMPLO DE LA VIDA REAL

Kathy practicaba la medicina complementaria y estaba estudiando para ser acupuntora. Su marido, Richard, no estaba en la medicina complementaria, pero se sentía muy feliz de apoyar el interés de su esposa. Sin embargo, un día, de repente, se enfadó mucho con ella cuando le sugirió que alquilaran una motocicleta durante las vacaciones para dar paseos por ahí. Richard le levantó la voz e incluso se le llenaron los ojos de lágrimas, acusando a Kathy de ser irresponsable y expresando su preocupación de que si él tuviera un accidente y una herida seria, su esposa le trataría con acupuntura en lugar de llevarle al hospital más cercano para conseguir ayuda médica.

Kathy supo de inmediato que esta reacción infantil era el resultado de un antiguo trauma encerrado en la mente inconsciente de su marido. Le preguntó con amabilidad qué le había ocurrido cuando era joven para provocar este comportamiento. Cuando Richard pensó en la pregunta, surgió un viejo recuerdo de cuando su padre y él habían tenido un accidente de moto. Él solo tenía tres años e iba en el asiento de atrás. Su pierna quedó atrapada debajo de una rueda de la moto y sufrió un corte serio. Sintió un dolor terrible y derramó mucha sangre, pero, en lugar de correr inmediatamente al hospital, su padre se limitó a envolverle la herida con una tela y se puso a pescar en un estanque. Cuando Richard pudo recuperar este doloroso recuerdo, perdió la agresividad hacia su esposa. Sabía que nunca intentaría reparar un cuerpo magullado con acupuntura, y soltó el miedo irracional a alquilar una motocicleta para dar paseos en sus vacaciones.

CUARTO EJEMPLO DE LA VIDA REAL

Jennifer y Mike eran una pareja muy amistosa que se llevaba bien con todo el mundo en el vecindario. Habían vivido en la misma casa desde que se casaron y no tenían problemas con los vecinos. Un día, el vecino que vivía a la izquierda de su casa vino a verles para quejarse de que la música de Jennifer estaba demasiado alta, y le pidió con educación que bajara el volumen. Jennifer se enfadó mucho y prometió no volver a hablar con aquel vecino. También insistió en que su marido se uniera a ella en esta campaña de silencio. Una vez más, date cuenta de la respuesta "infantil" a la situación. Acabaron vendiendo la casa y se fueron a vivir a otra parte.

Poco después de trasladarse a la nueva casa, Jennifer, una vez más, tuvo un roce con el vecino de la izquierda de su propiedad, que le dijo que quería instalar una valla. A pesar de que su marido Mike se tomó aquello con mucha tranquilidad, Jennifer se obsesionó e insistió en que ni Mike ni su hijo pequeño tuvieran contacto con el vecino ni con el hijo de este. Una vez más, esta reacción era similar a la de un niño pequeño, y un claro ejemplo de que en Jennifer se había activado una antigua experiencia dolorosa.

El recuerdo era muy angustioso. Cuando tenía unos nueve años, la madre de Jennifer tuvo una aventura con el vecino de al lado y el padre del Jennifer les descubrió.

Su padre estaba amargado y reñía a Jennifer por hablar con el vecino o sus hijos. Imagina el enfado, el dolor y la tristeza que Jennifer sintió en aquel entonces, sobre todo porque al final su madre abandonó el hogar familiar para iniciar una nueva vida con aquel hombre.

Estos profundos recuerdos estaban almacenados en su mente inconsciente, y por lo tanto, en su vida adulta atrajo inconscientemente el conflicto con sus vecinos, justo en el mismo lado de la casa donde había vivido el vecino que tuvo la aventura con su madre. Cuando Jennifer se dio cuenta de la causa de su irritación, recordó que su hermana mayor también había tenido problemas con sus vecinos durante su vida de casada.

Espero que los ejemplos de este tipo de recuerdos del pasado —que los psicólogos llaman "transferencia"— te hayan ayudado a entender que cuando no tenemos este conocimiento y comprensión, esos momentos de reacción excesiva pueden causar desastres en nuestras relaciones interpersonales.

Una de las lecciones de *Un curso de milagros*, la número 5, dice: "Nunca estoy disgustado por la razón que creo", y estos ejemplos explican su significado.

A menudo, el simple hecho de traer el incidente original a la mente consciente puede sanar el recuerdo y devolvernos a una sensación de paz en el presente. No obstante, a veces es posible que se necesite un trabajo más profundo, en el que tengamos la oportunidad de expresar todas nuestras emociones a un testigo benevolente —un amigo o un terapeuta que nos dé seguridad—, que dé testimonio de los sentimientos que fuimos incapaces de expresar en el momento del incidente original.

La gente suele preguntar: "¿Cuándo sé que he sanado esto?". La respuesta es simple: cuando puedas recordar mentalmente el suceso y ya no experimentes ninguna "carga" ni reacción emocional. Es así de simple. Y no te preocupes mucho por esta cuestión, porque puedes estar seguro de que la vida te traerá más incidentes parecidos hasta que el original esté perdonado del todo y puedas soltarlo.

Aquí también debería explicar que esta cosa denominada "transferencia" no es específica de uno u otro género. Esto significa que a una persona de sexo masculino a veces se le puede activar un asunto con la madre, y asimismo a una persona de sexo femenino se le puede activar un asunto con el padre. A menudo esto puede resultar muy confuso.

Una mujer que examine la conducta negativa de su pareja masculina podría encontrarse pensando: "Pero mi padre nunca fue así; de hecho, era justo lo opuesto", cuando, de hecho, su marido está repitiendo el comportamiento de su madre, no el de su padre. Lo mismo es aplicable a un hombre que piense que el comportamiento de su esposa no se parece en nada al de su madre, cuando, en realidad, su esposa está representando el comportamiento de su padre.

Según mi experiencia, la conducta del progenitor o cuidador principal —a quien percibimos (y recuerda que solo es nuestra percepción) como quien nos impactó más negativamente— es la que veremos repetida en otras personas de nuestra vida. Por supuesto, la mayoría de nosotros experimentamos negatividad de ambos progenitores, pero tendemos a minimizar, o incluso negar, toda la negatividad de uno de ellos; hacemos esto porque de niños necesitamos fabricar una historia de "fantasía" que nos ayude a sentirnos seguros.

Capítulo 6

Nueve pasos para ayudarte a no repetir los mismos errores en las relaciones

"El secreto está en la selección" es una frase adorable que me gusta recordar a los que se embarcan en la búsqueda de una pareja. ¿No es asombroso que antes de comprar una casa o un coche tengamos mucho cuidado de emplear los servicios de profesionales para investigar numerosos aspectos de lo que tenemos intención de adquirir? Pero, cuando llegamos a la que probablemente es la decisión más importante de nuestra vida —la elección de una pareja—, nos lanzamos a ciegas sin una investigación similar, y sin ninguna educación con respecto a la adecuación de la persona "elegida".

Permíteme decir aquí que, a otro nivel, llamémosle el "nivel espiritual", he aprendido que no hay relaciones "equivocadas". Esto puede entenderse mejor cuando aceptamos que todas las relaciones y las experiencias de vida son herramientas de curación y aprendizaje, pero podemos minimizar nuestro dolor de corazón una vez que disponemos de este conocimiento. Aquí te ofrezco algunas directrices muy básicas para hacer exactamente esto.

1. Echa una mirada afilada y crítica a cómo te trató cada uno de tus padres durante tu infancia y adolescencia.

Evalúa a cada uno de tus padres (o cuidadores principales) de cero a diez en función de cómo experimentaste que cuidaban de ti, donde cero representa que lo hicieron fatal y diez que lo hicieron perfecto. Siéntete libre de ser muy crítico; no hace falta que nadie más vea esta lista. Si has dado a ambos la misma nota, aunque parezca una nota baja, eso significa que tu percepción de ellos es muy similar. Esto sugiere que dentro de ti hay muy poca competición inconsciente entre géneros. Recuerda que a nivel celular la mitad de ti es tu madre biológica y la otra mitad de ti es tu padre biológico. Si tienes una actitud desequilibrada hacia ellos, tendrás una actitud igualmente desequilibrada hacia esa parte de ti mismo y hacia ese género en el mundo.

Es increíble el caos que este proceso puede causar en el nivel del mundo cuando tenemos líderes de naciones, que manejan un poder inmenso, tomando decisiones que, a nivel inconsciente, están siendo impulsadas por heridas infantiles.

Por ejemplo, en mi opinión, parte de la razón por la que George W. Bush invadió Irak e inició una guerra que claramente no había sido provocada hundía sus raíces en un deseo inconsciente de demostrar a su padre, George Bush Sr., que era tan bueno como él, o incluso mejor. Su padre solo había llegado hasta Kuwait, sin adentrarse en Irak. Parece que su padre era un hombre muy crítico, que había alcoholismo en la familia, y que a menudo solía comparar desfavorablemente al joven George con su hermano Jeb. Hasta que empezamos a examinarlos, estos asuntos familiares impactan en el mundo más de lo que nos damos cuenta.

También se despliegan escenarios similares en los tribunales de justicia que tratan asuntos familiares, donde encontramos a jueces tomando decisiones escandalosas contra uno de los padres, cuando todo el mundo ve que dicha decisión va a ser perjudicial para los niños implicados.

En una ocasión actué de testigo en un juicio en el que una madre estaba tratando de conseguir el derecho de tener el mismo acceso que el padre a sus hijos. El padre luchaba contra esto e intentaba limitar que los hijos vieran a su madre, e incluso trataba de impedirlo. Esta debería haber sido la primera "bandera roja" para cualquier juez: un progenitor tratando de impedir que el otro tenga el mismo acceso a los hijos.

En este caso, la madre había abandonado lo que había sido una larga unión incompatible. El padre no permitía que la madre se llevara a los niños a visitar a sus abuelos y otros miembros de la familia que vivían en otro país. Cuando la madre se quejó de esta restricción ante la juez del caso, esta comentó: "Bueno, yo tampoco dejaría que mi ex marido se llevara a nuestra hija de vacaciones a otro país".

Es probable que esta juez, como muchos, estuviera tomando una decisión marcada por sus prejuicios, basados en sus propias experiencias no sanadas. Hay personas en posiciones de poder en todas las áreas de la vida —incluyendo trabajadores sociales, maestros, psicólogos, abogados y oficiales de policía— que también expresan inconscientemente sus experiencias infantiles no sanadas para detrimento de las personas a las que dicen servir.

2. Si te das cuenta de que te estás aferrando a resentimientos muy arraigados hacia uno de tus progenitores o ambos, escribe una lista de tus percepciones de cada uno de ellos y destaca las creencias que has incorporado como "hechos" en función de tus experiencias.

Por ejemplo, escribe: "Los hombres son..." y a continuación haz una lista de todas las creencias que tienes con respecto a los hombres. Asimismo, anota "las mujeres son..." y a continuación haz una lista de las creencias que tienes con respecto a las mujeres.

Haz un ejercicio similar con todas las cosas importantes de tu vida, como el dinero, el trabajo, etc.

Después de haber completado estas listas, tal vez te asombre ver que tus creencias en todas estas áreas se corresponden con tus experiencias. Estas palabras explican el fenómeno:

Mis creencias crean mi realidad, aquello en lo que crea es lo que crearé. Y si creo en eso —lo crearé— y si no creo en eso, entonces no lo crearé. Lo cual confirma la verdad de la primera declaración: ¡Mis creencias crean mi realidad!

Cuando por primera vez vi esto escrito en *Love Precious Humanity*, un libro sobre Harry Palmer, el creador del proceso Avatar, me llevó algún tiempo entenderlo, pero al fin lo conseguí y ahora tiene mucho sentido para mí. En términos más simples hace referencia a las "profecías autorrealizadas". La historia siguiente es un ejemplo de cómo creamos nuestra propia realidad.

Robert creció con una madre muy temible y violenta. A menudo gritaba, chillaba, pegaba a él y a sus hermanos, y siempre parecía culpar a la gente por cualquier cosa que iba mal en su vida. Robert se convirtió en el "elegido", y su madre le "secuestró" para que cuidara de ella en lugar de ser ella quien cuidara de él. Poco a poco Robert desarrolló la creencia de que todas las mujeres eran temibles, y que su trabajo era cuidar de ellas y no abandonarlas nunca, por muy mal que le trataran.

Por supuesto, esto no era verdad, solo era la experiencia de Robert con su propia madre. Pero, como desarrolló una creencia tan profunda en que las cosas eran así (lo percibía como un hecho), cuando creció, tendía a elegir mujeres violentas y necesitadas, y a continuación las culpaba cuando solo le daban lo que él les pedía inconscientemente.

Ahora te invito a examinar el papel que tus creencias, basadas en tus experiencias infantiles, han desempeñado en tus relaciones.

3. Una vez que hayas descubierto estas creencias que limitan la vida y sabotean las relaciones, ¡alégrate de poder cambiarlas!

¡Lo maravilloso de las creencias es que puedes cambiarlas en cualquier momento! Solo son pensamientos repetitivos. Empieza a darte cuenta de tu lenguaje, y lo que es más importante, el lenguaje de cualquier posible pareja, a la hora de hablar sobre cómo son los hombres y las mujeres. Te asombrará la cantidad de gente que alberga una profunda falta de respeto por uno u otro género, ¡o incluso por ambos! A continuación, examina cómo ha influido esto en tu vida.

Una mujer que conocí en mis viajes estaba en constante conflicto con sus compañeros de trabajo. Llevaba varios años divorciada y hacía frecuentes referencias negativas a los hombres en general. Un día leí lo que decía un imán que tenía pegado a la puerta del frigorífico para colgar notas. El mensaje decía: "Todos los hombres fueron creados iguales. ¡Igualmente INÚTILES!".

Una noche, en un diálogo muy abierto y honesto con ella y otra amiga mía, nos preguntó por qué los hombres son tan poco fiables y le habían causado tantos problemas. En respuesta a su pregunta, le invitamos a examinar sus creencias sobre los hombres y le preguntamos con mucha delicadeza por su padre. Ella entró de inmediato en su niña interna herida, se puso a llorar y explicó que su padre, que llevaba muerto veintiséis años, la había enviado a un internado en el extranjero cuando solo tenía seis años. Nunca le había perdonado. Como no había hecho su trabajo de duelo, ni había sanado el dolor, el enfado y la tristeza de esa trágica pérdida, y no le había perdonado, de adulta seguía recreando situaciones con los hombres de su vida que reflejaban esas experiencias no sanadas.

A pesar de ser una mujer muy atractiva y exitosa, que admitía abiertamente que deseaba una relación gratificante con un compañero masculino, esto no ocurría debido a sus creencias tan arraigadas con respecto a los hombres en general.

¿Puedes ver que esta situación es muy curable cuando tienes la información y estás dispuesto a realizar el trabajo?

4. Comprométete a eliminar cualquier tipo de abuso de tu campo de energía.

Esto equivale a una profunda declaración de intenciones de empezar a amarte a ti mismo, que es el primer paso para encontrar relaciones más saludables. Desarrolla una práctica de "tolerancia cero" hacia cualquier tipo de abuso: físico, mental, emocional o sexual, quien quiera que sea la persona o personas involucradas. Muchas personas toleran un acoso increíble y abusos de sus parejas, de sus jefes en el trabajo, de profesores, padres, hermanos y otros familiares, con lo que puede resultar difícil detener estas conductas destructivas. Debes estar dispuesto a perder contacto con esas personas por un tiempo. Debes estar dispuesto a dejar tu trabajo o tus relaciones para iniciar un nuevo patrón. Esto nunca es fácil, pues las demás personas no querrán que cambies —incluso si es mejor para ti—, sobre todo si están acostumbradas a controlarte y a controlar tu vida.

Por lo tanto, es imperativo que consigas ayuda de las personas en las que de verdad puedes confiar, preferiblemente de personas que hayan llevado a cabo su propia sanación y hayan pasado por experiencias similares.

5. Haz una lista por escrito de cómo quieres ser tratado.

Hay algo poderoso en ponerlo sobre el papel. Si necesitas empezar por escribir cómo no quieres ser tratado a fin de clarificar cómo quieres ser tratado, eso está bien, pero, en cuanto hayas clarificado lo que quieres, destruye la lista de lo que no quieres.

A partir de ese punto, enfócate solo en cómo quieres ser tratado. Esto es extremadamente importante porque, como indica la Ley de Atracción, aquello en lo que te enfoques es lo que atraerás hacia ti y de lo que obtendrás más en tu vida.

A menudo, en los aeropuertos y otros lugares públicos, leo avisos de diversas agencias gubernamentales que dicen: "Nuestro personal no tolerará ninguna conducta abusiva del público, y dicha conducta será castigada con el arresto", u otras notas parecidas. Sería mucho más eficaz si la nota dijera: "Nuestro personal apreciará la conducta respetuosa, amable y educada del público, que merece lo mismo de nuestro personal".

6. Aprende a identificar qué es y qué no es aceptable PARA TI, a pesar de lo que puedan decir otros.

Podrías experimentar que algunas personas te hacen comentarios como: "Oh, solo estoy bromeando, eres demasiado sensible". Recuerda que la única persona que tiene derecho a determinar lo que está bien y lo que no está bien eres tú, el receptor, ¡no la persona que se dirige a ti!

Es posible que seas muy sensible, pero no existe tal cosa como "demasiado sensible". Este es un mensaje muy hiriente que básicamente dice: "No está bien ser como eres".

Recientemente visité el colegio de mi hijo la noche de puertas abiertas a los padres, y uno de sus tutores no paraba de comentar que es demasiado callado y reservado. Él no es así conmigo ni con otras personas con quienes se siente seguro, y mi experiencia es que la mayoría de las personas solo se muestran plenamente cuando se sienten seguras y apoyadas. Muchos profesores y padres no ofrecen un entorno así, y a menudo esta es la razón por la que muchos niños se cierran. Me aseguré de recordar a mi hijo que él no es "demasiado" de nada, y que está perfectamente bien tal como es, sin importar la opinión de su tutor.

Los niños necesitan la sabiduría y el apoyo de personas que han realizado su propia sanación, y es importante que defendamos su derecho a ser tratados con respeto. Con demasiada frecuencia, algunos profesores y padres se olvidan de que el respeto es una vía de dos direcciones, con independencia de la edad. Muchas personas trabajan en el campo de la educación sin haber sanado sus experiencias infantiles. Con mucha frecuencia esto da como resultado que proyecten esas experiencias u otras similares en los niños, cuando no tienen nada que ver con ellos. Recuerda que si no lo "resuelves", lo "expresarás y lo transmitirás". Muchos de nosotros nos convertimos en accidentes multigeneracionales hasta que examinamos con detenimiento el sistema familiar del que venimos y aprendemos a liberarnos de los patrones malsanos que se nos ofrecieron como modelo.

7. Aprende tanto como puedas de la familia de tu futura pareja.

Cuando sea posible, observa cómo se tratan mutuamente los padres de tu futura pareja. Tal vez te asombre que, cuando miras con el cuidado suficiente —pues estas cosas pueden estar muy bien camufladas—, tienen patrones similares a los que están presentes en la relación entre tus padres. Escucha cómo se hablan uno al otro. ¿Son siempre respetuosos o hay una corriente oculta de menosprecio?

Estate atento a los comentarios que discriminan en función del género como: "Típico de un hombre", o "las mujeres siempre hacen eso". Con mucha frecuencia, la gente se ríe de estos comentarios diciendo que solo "es una broma", pero puedes estar seguro de que encubren una montaña de furia. ¿Quién crees que va a ser el receptor de esa ira si entras en relación con su hijo o hija? ¡TÚ!

En una ocasión asistí a un taller dirigido por un facilitador y su esposa. Durante el fin de semana se sentaron uno al lado del otro frente al grupo, y todo el tiempo él se refirió a su esposa como "ella" en lugar de llamarla por su nombre. Esto me pareció una falta de respeto y pensé que probablemente este hombre tendría algunas viejas "heridas" no sanadas a las que no había prestado atención.

Mi sospecha se confirmó algunas semanas después cuando me envió un email lleno de furia y groserías. Este fue un clásico caso en que su reacción resultó ser desproporcionada con relación al suceso (como se ha comentado antes), una señal de que se había activado en él algo del pasado. Él enseñaba el perdón, y sin embargo no había sanado lo suficiente cómo impedirse "expresar" su enfado de manera destructiva a un participante de sus talleres.

Por supuesto, yo también reconocí que estaba co-creando esta situación; tuve que examinar que no había perdonado cómo mi madre había tratado a mi padre. Este fue un caso clásico de la inversión de género que he mencionado antes. En realidad, este hombre me estaba reflejando un comportamiento que no me gustaba de mi madre, no de mi padre.

Examinar de cerca los patrones familiares de la futura pareja puede parecer quisquilloso, pero cuanto más disciernas y más exigente seas en la primera etapa de la relación, más pacífica será tu vida cuando por fin te comprometas. Me asombra la cantidad de gente que sale de relaciones destructivas y dice: "Sabes, al principio, cuando les conocí, noté algo que me preocupó...". ¡Y, sin embargo esa persona siguió adelante con la relación!

Cuando alguien me pregunta por qué hizo eso, explico que la razón más común es que el comportamiento de esa persona le resultaba **familiar**. Era como una prenda de su medida. Como he mencionado antes, la palabra familiar viene de "familia", y por eso es tan importante mirar atrás, ver cómo es tu familia de origen y hacer el trabajo de curación.

Quiero animarte a desarrollar una actitud de "no me conformaré" en el proceso de elegir tu relación. Eres un ser espiritual precioso que está teniendo una experiencia humana en este mundo, y mereces ser honrado, respetado, amado y atesorado. Cuanto más puedas reafirmar esta creencia y ahondar en tu sensación de amor hacia ti mismo, más probabilidades tendrás de atraer a tu vida personas que te lo reflejen.

8. Asegúrate de que tú y quien tienes la intención de que sea tu pareja habéis roto las ataduras emocionales con vuestras respectivas familias de procedencia.

Si tú y quien quieres que sea tu pareja no habéis roto las ataduras emocionales con vuestras familias de procedencia (en otras palabras, si todavía estáis "enredados" en vuestras familias de procedencia), es probable que os resulte difícil desarrollar una relación fuerte, comprometida y satisfactoria uno con otro. Te guste o no, tienes que "divorciarte" de tu familia de origen para estar en la posición de iniciar tu propia nueva familia con la pareja elegida.

Esto no significa que dejes de amarlos o de visitarlos de vez en cuando, en absoluto. Sin embargo, significa que ellos ya no son lo "primero" en tu vida, y nunca volverán a serlo. Ahora la nueva pareja elegida ha de ser tu número uno.

Me sorprende la cantidad de personas casadas, o que están en relaciones comprometidas, que dicen: "Oh, mi mamá (o mi papá, o mi hermano o hermana) es el mejor amigo que tengo en el mundo". ¡Vaya! ¿Y qué hay de la pareja?, pienso para mí mismo.

Cuando he hablado con miembros de parejas "despriorizados" sobre este hecho, la mayoría expresan un sentimiento constante de "no encajar" en su propia familia en estas situaciones.

Más adelante explicaré la importancia de este concepto con más detalle, especialmente cuando una pareja decide tener hijos. Para que el sistema siga siendo saludable, debe aplicarse la misma regla: la relación con tu pareja siempre debe adquirir prioridad sobre la relación con tus hijos. ¡Ya puedo ver que algunos de vosotros os ponéis en alerta! Pero dadme una oportunidad; después examinaré esto con más detalle.

9. Mantente vigilante ante cualquier señal de adicción en tu pareja.

¿Qué hábitos tiene con respecto al alcohol? ¿Insiste en beber cada noche? ¿Bebe muy rápido? ¿Se queja de pérdidas de memoria o de periodos de inconsciencia después de una fiesta o de un episodio en el que haya bebido mucho? Esto podría venir disfrazado como algo atractivo, porque tal vez se haya convertido en el alma de la fiesta cuando antes estaba callado y retirado.

Por extraño que parezca, estas son señales de alerta que anuncian un problema con la bebida.

¿Por qué alguien que se ama a sí mismo y tiene una autoestima fuerte desearía estar en relación con alguien que evidentemente no se valora?

La respuesta es la misma de siempre: porque, a algún nivel, eso se siente familiar. De modo que examina con detenimiento tu propia historia. ¿Hay problemas con la bebida, con la adicción a las drogas, o una historia de dependencia de los medicamentos recetados en tu familia? Si es necesario, remóntate hasta los abuelos, y es probable que encuentres una señal de por qué este comportamiento se siente familiar y, por lo tanto, atractivo para ti.

Date cuenta de que puedes estar pensando: Oh, bueno, yo le cambiaré cuando estemos juntos. Esta es una receta segura para la desdicha futura. La única persona a la que cambiarás en tu vida eres tú. Y si dedicas tiempo a intentar cambiar a los que te rodean, acabarás volviéndoles locos y a ti mismo también.

Capítulo 7

El fenómeno de la historia familiar que se repite

Cuando estaba estudiando para obtener mi certificado de terapeuta, los alumnos tuvimos que crear un "genograma". Esto es similar a un árbol genealógico, pero además de anotar los nombres y fechas de nacimiento, de deceso, de matrimonio, etc., de cada miembro de la familia, también se nos pedía hacer breves biografías de cada persona. En estas biografías breves reseñábamos cualquier cosa que destacara en la vida de la persona, como el abuso del alcohol o de las drogas, la delincuencia, el suicidio, los fracasos económicos, la profusión de relaciones románticas, la conducta violenta de cualquier tipo, las historias profesionales inusuales, y así sucesivamente.

Una vez que completamos el genograma, fue asombroso comprobar que todos los patrones se repetían. Casi todos los alumnos nos quedamos asombrados al darnos cuenta de que estas pautas se transmitían de una generación a la siguiente. Muy a menudo, la situación particular se había mantenido en secreto de todos o de algunos miembros de la familia. Es como si, mientras la información no esté en la conciencia de todos, alguien de la familia tiene que recrear una situación similar, aunque muy bien podría ser para su propio detrimento o el de otros. Cuando la situación salía a la luz, era como si ya no hubiera necesidad de repetirla.

Hay un excelente libro titulado *Family Secrets*, de John Bradshaw, que explica este fascinante fenómeno con gran detalle. Si alguno de estos ejemplos te intrigan, te recomiendo que leas el libro, y, de hecho, también cualquier otro libro de John Bradshaw porque son excelentes.

EJEMPLO DE LA VIDA REAL

Estaba experimentando algunas dificultades en mi relación con mi hijo mayor, Paul; nada importante, solo una especie de "bloqueo" en nuestra comunicación. Él servía en la Marina Británica y acababa de completar su formación para ser parte de las tropas de operaciones especiales. Durante el tiempo en que sirvió en el ejército, yo había introducido cambios importantes en mi vida y emprendí mi viaje interno de autodescubrimiento. Puedo imaginar que para él era un verdadero desafío relacionarse con su "nuevo" papá.

Paul es, y siempre ha sido, un joven muy amable y amoroso, y me resultaba interesante que se hubiera alistado en el ejército, y todavía más interesante que parecía tener un deseo insaciable de estar en cualquier lugar donde se estuviera librando una guerra. En distintos momentos expresó su deseo de servir en Irlanda del Norte, Bosnia, Afganistán e Irak. Consiguió cumplir algunos de sus deseos, aunque no todos. Como creo en apoyar a los hijos en cualquier cosa que deseen hacer, no intenté disuadirle de entrar en el ejército, aunque me pregunté qué impulsaba aquel deseo.

Cuando empezamos a experimentar dificultades en nuestra comunicación, decidí que quería hacer algo positivo con respecto a ello. También me di cuenta de que en aquel tiempo a Paul no le interesaba explorar conceptos novedosos ni empezar a dialogar sobre el tema. De hecho, como explica en el prólogo de este libro, ¡dijo que creía que yo decía muchas tonterías!

Un amigo me había recomendado el trabajo de Constelaciones familiares, explicándome que era excelente para liberar recuerdos generacionales del pasado que podrían estar dificultando la vida de un miembro de la familia sin que él llegara nunca a conocer el motivo. Conseguí encontrar un facilitador y me apunté a un curso de fin de semana. Sabía muy poco de este trabajo, pero mi intuición me indicaba que debía asistir.

Durante este trabajo, un facilitador entrenado invita a cualquier participante a presentar algún problema que le esté causando dolor, o tristeza o enfado, un problema que quiera "aclarar". Mencioné la fricción con mi hijo, y la facilitadora me invitó a elegir a distintas personas del grupo para representar a mi hijo, mi padre, mi madre y a mí mismo. Esta facilitadora era muy intuitiva, y en cuanto elegí a los participantes, preguntó por la edad de mi padre y cuándo había nacido yo. Ella mencionó que, a juzgar por mi edad, probablemente mi padre habría estado lejos, en alguna misión militar, cuando yo nací.

Le expliqué que mi padre nunca había sido militar, puesto que había nacido con la pierna izquierda deforme, y por lo tanto fue declarado "no apto" para el ejército cuando los japoneses invadieron Malasia, donde en aquel momento vivía con mi madre y mi hermana.

La facilitadora indicó que había dado con algo, y me pidió que eligiera más participantes. Me invitó a elegir a alguien que representara al país de Malasia, alguien que representara a mi hermana, que todavía era bebé, y alguien que representara a todos los amigos de mi padre que habían tenido que dejar a sus familias para entrar en el ejército y combatir a los japoneses.

Las personas que representaban a mis familiares estaban agrupadas juntas, siguiendo las instrucciones del facilitador, y la persona que representaba a Malasia estaba detrás de ellas, con la persona que representaba a los amigos de mi padre frente a ellas. A continuación, se invitó al grupo de participantes a enfocarse en sus emociones, y a que simplemente permitieran que saliera a la superficie cualquier cosa que estuvieran sintiendo. También se les animó a moverse adonde se sintieran inclinados. Lo que ocurrió a continuación me dejó asombrado. La persona que representaba a los amigos de mi padre empezó a alejarse poco a poco de mi "padre" y de mi "madre", hacia la puerta, y a continuación salió de la sala. De repente, la persona que representaba a mi padre se sintió molesta. Empezó a temblar, parecía muy enfadada, y por fin se puso a llorar, mientras que la persona que representaba a mi madre también empezó a llorar. Todo fue muy espontáneo y natural. No pasó mucho tiempo antes de que cada uno de los participantes, incluyéndome a mí, empezáramos a llorar. Cada una de las personas se acercó a mi "padre" para consolarle y rodearle con los brazos, lo que le ayudó a liberar aún más tristeza.

La facilitadora llevó esta representación a su conclusión, y todos empezamos a compartir nuestras experiencias con el grupo. Lo más sorprendente fue que la facilitadora fuera capaz de evocar una situación que, en la superficie, no tenía nada que ver con el problema que yo le había presentado. Recuerda, mi hijo no tenía ni idea de que nada de esto estuviera ocurriendo.

Este es uno de los aspectos más poderosos de este trabajo; la otra persona no tiene por qué estar involucrada conscientemente.

Después de ese fin de semana, cuando me encontré con Paul, se produjo una notable mejora en nuestro nivel de comunicación, pero la mayor sorpresa aún estaba por llegar. Como unos seis meses después, empezó a decir que ya estaba cansado de la vida militar, a pesar de haber sido elegido como uno de los cadetes más brillantes de su unidad, y de que se le hubiera recomendado asistir a la Escuela de Formación de Oficiales en Sandhurst. Unos meses después abandonó el ejército, dando la espalda a un puesto seguro en Afganistán; había perdido todo deseo de formar parte de una fuerza de combate. De hecho, inició una empresa con su cuñado para ayudar a los jóvenes a incrementar su autoestima.

Cualquier emoción reprimida de generaciones anteriores puede ser reproducida inconscientemente sin que la persona sepa por qué. En este caso, es probable que mi hijo estuviera llevando el recuerdo del enfado, la culpa, la vergüenza y la tristeza de su abuelo por no ser "apto" para representar a su país en la guerra.

Imagina la vergüenza que mi padre debió sentir en aquel tiempo, siendo el único hombre británico que quedaba en la comunidad con todas las mujeres y sus hijos, mientras que todos sus amigos habían dejado sus familias para ir a luchar.

De modo que mi hijo, que nunca conoció a su abuelo (había muerto siete años antes de que él naciera), sentía este inexplicable anhelo de "ir a la guerra", aunque iba en contra de su naturaleza amable y pacífica. El trabajo de constelaciones liberó simbólicamente esos sentimientos reprimidos de mi padre, usando una especie de "sustituto" para expresarlos y permitir que unos rostros que no le avergonzaban fueran testigos de ellos. Una vez liberadas esas emociones largo tiempo reprimidas, mi hijo ya no sentía el impulso de ir a la guerra.

Capítulo 8

Por qué la pareja tiene que venir antes que los hijos

Ahora, prepárate. Este tema podría cambiar mucho tus creencias.

Si a una pareja le falta una o las dos químicas esenciales, y tienen hijos, es muy común que uno o ambos padres traten inconscientemente de encontrar esa "conexión" que les falta con su pareja con uno o más de sus hijos. En este caso, la relación de la pareja queda sacrificada y la relación de los padres con los hijos se convierte en la prioridad. Y esto tiene consecuencias negativas para todos los involucrados.

No es mi intención decir que los niños de diversas edades no tengan necesidades que requieran el apoyo de sus padres, y que a veces haya que darles prioridad sobre las necesidades de los adultos. La conexión de la que estoy hablando es una energía que discurre a un nivel más profundo, tal vez inconsciente.

Me gustaría recordar un incidente de la vida real a fin de ilustrar el aspecto que tiene una familia saludable.

Estaba en Chipre recargando mi cuerpo con el calor y el sol que siempre anhela, y decidí entrar en uno de los bares que había al lado de la carretera; un lugar muy completo, con la característica pantalla de televisión gigante que suelen tener para poder ver la final del Campeonato Mundial de la Unión de Rugby entre Inglaterra y Sudáfrica.

Mientras estaba sentado, esperando que empezara el partido, el bar empezó a llenarse de aficionados de ambos países y una mujer joven, de unos treinta y tantos, y su hijo de cinco o seis años, se sentaron en una mesa que estaba junto a la mía. Ella tenía una sonrisa cálida y abierta, exudaba un aire de serena confianza y seguridad en sí misma.

Por la enorme bufanda que llevaba alrededor del cuello estaba claro que iba con Sudáfrica. La interacción entre la mujer y su hijo pequeño me sorprendió al instante.

Mientras les observaba, el niño —sin ninguna instrucción de su madre— tomó un sitio, no junto a ella, sino en la silla que quedaba enfrente. A continuación sacó sus cuadernos de colorear, las pinturas y se puso a dibujar con entusiasmo, y de vez en cuando comentaba algo de manera informal a su madre. Ella respondía a los comentarios ocasionales del pequeño con mucho cariño y una bondad muy evidente, al tiempo que mantenía una conversación animada y amistosa con los demás fans de Sudáfrica y conmigo.

Muy pronto, su marido llegó del trabajo para unirse a su esposa y a su hijo pequeño. Al entrar en el bar, se dirigió primero a su esposa, abrazándola cálidamente y dándole un suave beso. A continuación hizo lo mismo con su hijo, que respondió de manera igualmente afectuosa. Lo que me sorprendió es que los tres parecían muy calmados. No había una excitación excesiva en el niño ni estaba desesperado por captar la atención de su padre cuando este llegó. Del mismo modo que se había sentido cómodo ante la falta de una atención constante de su madre, el niño exhibía un reconocimiento cálido y sereno de que ahora su padre se había unido a ellos, y todo estaba en orden en su pequeño mundo.

El marido ocupó su lugar al lado de su esposa, frente al niño, y empezó a participar en los diversos temas de conversación que se fueron presentando.

Relato esta escena con tanto detalle porque tuvo un enorme impacto en mí. Lo que me sorprendió fue que el niño no tuviera ninguna necesidad de recibir atención constante de cualquiera de sus padres. Daba una sensación de completa confianza y seguridad. Me di cuenta de que, probablemente, esto se debía al hecho de que sabía que mamá y papá eran el rey y la reina de su pequeño mundo, y eran las personas más importantes el uno para el otro. La certeza de este conocimiento es lo que le daba el nivel de seguridad, paz y tranquilidad que él exudaba, y no pude evitar pensar lo raro que es ser testigo de estas cualidades en los niños del mundo actual.

Muchas parejas comenten el error trágico —aunque de manera inocente y con la mejor voluntad— de retirar la prioridad de su propia relación y de enfocar sus vidas principalmente en los niños.

Sugiero que este diagrama muestra el aspecto que tiene un sistema familiar saludable.

SISTEMA FAMILIAR SALUDABLE

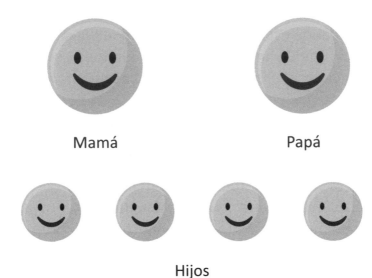

Mamá   Papá

Hijos

Mamá y Papá están juntos en la misma línea, y los cuatro niños están debajo. Las variaciones de estas posiciones probablemente crearán diversos grados de disfunción en el sistema. Contempla los diagramas siguientes, que ilustran algunas variaciones posibles.

SISTEMA FAMILIAR NO SALUDABLE: EJEMPLO 1

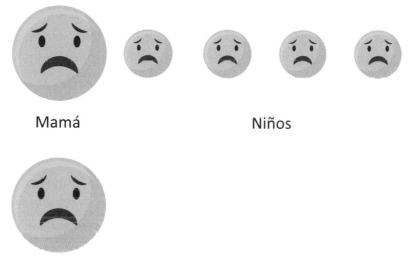

Mamá   Niños

Papá

Mamá está alineada con todos los niños y Papá ha sido "degradado" al nivel de un niño. Esto ocurre con mucha frecuencia cuando la pareja no tiene química, o cuando esta se ha "desvanecido" durante el periodo de relación.

SISTEMA FAMILIAR NO SALUDABLE: EJEMPLO 2

Papá está alineado con todos los niños y Mamá ha quedado "degradada" al nivel de un niño. Una vez más, esto ocurre con frecuencia cuando no hay química entre la pareja.

Papá   Niños

Mamá

SISTEMA FAMILIAR NO SALUDABLE: EJEMPLO 3

Mamá/Papá   Niños

Papá/Mamá   Niños

Mamá o Papá están alineados con algunos de los niños y el otro progenitor está claramente "degradado" junto con los niños que están alineados con él.

Estos diagramas no significan que uno de los padres no pueda ir a algún lugar con algunos de los hijos mientras que el otro progenitor acompaña a los otros niños en otra salida distinta. Como en una familia suele haber distintos intereses, es muy saludable que los padres pasen tiempo alejados uno del otro y de la familia. El tiempo que pasan aparte indica que ambos padres son libres de elegir. Las actitudes rígidas e inflexibles, como "donde va uno, tienen que ir los demás", pueden ser muy malsanas. Algunos de vosotros podréis reconocer esta actitud: "Somos la familia Smith y en esta familia siempre hacemos todo juntos".

Lo que los diagramas anteriores tienen la intención de ilustrar es algo energético que, lo creas o no, los niños captan muy rápidamente. Recuerdo que hablé con un hombre que me dijo que cuando solo tenía diez años pensó en ir a su padre y preguntarle por qué se quedaba en un matrimonio tan desdichado. Su hermana pequeña solía expresarlo directamente y preguntar a sus padres por qué y cómo se habían juntado, puesto que estaba claro que eran incompatibles.

Los niños siempre saben a un nivel más profundo lo que está ocurriendo en su familia, y lo único que quieren es que mamá y papá sean felices y estén en paz. Cuando pregunto a los padres qué quieren para sus hijos, responden sin excepción: "Queremos que sean felices". Cuando les pregunto qué creen que sus hijos quieren para ellos, empiezan a dudar y tienen que pensar un rato. ¡No captan de inmediato que los niños quieren exactamente lo mismo para ellos!

Muchos padres que están en uniones o matrimonios infelices dicen que siguen juntos por el bien de los niños. No parecen entender que, cuando hacen esto, están proponiendo como modelo para sus hijos que lo mejor es quedarse en relaciones desdichadas, y tal vez incluso abusivas, en lugar de emprender las acciones necesarias para cambiar la situación.

Esto no equivale a decir que las relaciones infelices deben necesariamente acabar. Si las químicas esenciales que hemos comentado antes estuvieron presentes al comienzo de la relación y los dos miembros de la pareja están dispuestos a hacer el trabajo de sanación, pueden ocurrir grandes cosas. Sin embargo, si una o las dos químicas han estado ausentes desde el principio, la unión es discordante. Si no se hace nada para remediar la situación, es probable que los niños repitan el patrón que sus padres les ofrecen como modelo, involucrándose en otras uniones discordantes. Y así continúa el ciclo de la desdicha.

Capítulo 9

Entender el poder destructor del incesto emocional

Cuando Papá y Mamá no tienen una buena química, los niños suelen creer que ellos tienen que hacer feliz a uno o a otro. Con frecuencia, uno de los niños se convierte en la "pareja emocional" o el "cuidador" de uno de los padres, generalmente del progenitor que no busca pares o amigos para llenar el vacío que hay en su matrimonio.

Los hijos de estos padres pueden pasarse toda la vida apegados inconscientemente a las buenas opiniones que uno o ambos progenitores tienen de ellos. Es posible que sigan tratando de "mejorar la situación", abandonando sus vidas y sueños en el intento. Cuando los padres confían en sus hijos para satisfacer sus necesidades emocionales, esta relación supone un abuso emocional del niño. Como se ha mencionado antes, esta situación puede considerarse una forma de "incesto emocional", porque el progenitor alimenta un vínculo inapropiado con el hijo. En situaciones así, a menudo los efectos de este vínculo resultan devastadores para los hijos, y con frecuencia inhiben su capacidad de establecer relaciones íntimas y duraderas cuando entran en la edad adulta. *The Emotional Incest Syndrome*, de Patricia Love y Jo Robinson, y *Silently Seduced*, del doctor Kenneth Adams son dos libros que explican más profundamente este fenómeno.

Si tienes la sensación de que estuviste, y todavía estás, experimentando el incesto emocional con uno de los progenitores, probablemente hallarás que te resulta muy difícil establecer límites saludables en tus relaciones adultas. Si experimentaste alguna forma de violencia del progenitor con quien tenías el incesto emocional, es muy probable que te descubras a ti mismo o bien tolerando violencia y abuso físico, o bien practicando esa conducta tú mismo y convirtiéndote en un abusador. En ambos casos, es probable que esté presente una sensación de confusión en cuanto a por qué estás aceptando este tipo de comportamiento (si eres la víctima) o por qué estás haciendo esto (si eres el abusador). La víctima de abuso a menudo cuestiona su derecho a salir de esa relación al tiempo que justifica el comportamiento del abusador enfocándose en y exagerando sus mejores cualidades. "Sé que me pega/ridiculiza/desprecia, pero es muy bueno y amable gran parte del tiempo" es un comentario que suelo oír de las víctimas de violencia doméstica.

Por otra parte, una mujer con la que trabajé, que a menudo era violenta con su marido e hijos, y se odiaba a sí misma por ello, insistía: "Si alguna vez me pone la mano encima, será lo último que haga". Frases como esta indican que en ambos casos ha habido una experiencia profundamente dañina en las vidas de estas personas cuando eran más jóvenes.

Si te encuentras en esta situación, una buena herramienta que puedes usar es recordar que ninguna cantidad de "bondad" en ti o en tu pareja es una razón para:

a. actuar violentamente; o
b. justificar y tolerar la violencia o el abuso.

Cuando un miembro de una pareja tiene resentimiento y amargura hacia el otro mucho después de que se produzca la separación, y no inicia nuevas relaciones, el componente amargado podría hacer que uno o varios de los niños se conviertan en su "nueva pareja".

En este caso, es probable que los niños estén en un incesto emocional, y las consecuencias de tal relación a largo plazo pueden tener unos efectos devastadores en la vida relacional del niño cuando se hace adulto. Con mucha frecuencia, incluso en su vida adulta, a las víctimas del incesto emocional les sigue aterrorizando desagradar al progenitor que se ha convertido en su "pareja", y ni siquiera son conscientes de lo que está ocurriendo.

Un hombre que conozco se negó a tener ningún contacto con su padre durante treinta años y admitió ante mí que la razón era que a él y sus hermanos les aterrorizaba desagradar a su madre si continuaban relacionándose con su padre. De modo que él renunció a mantener todo contacto con su padre y se convirtió en el cuidador emocional de la madre, lo cual tuvo consecuencias devastadoras para su propia relación de pareja. Este tipo de incesto emocional también puede resultar muy confuso para la persona joven: mientras que a un nivel se siente muy importante y poderosa por ser elevada a una posición por encima de su estatus habitual en el sistema familiar, también siente que está mal que ella tome ese lugar.

Una idea importante que los padres han de recordar es que uno de sus deberes como padres responsables es ir preparando a sus hijos para que les dejen. Si Mamá y Papá no hacen una buena pareja, es probable que se sientan profundamente solos en su relación. En consecuencia, puede resultar muy difícil que los padres "dejen ir" a los hijos, y que esos hijos puedan individuarse emocionalmente de ellos y comiencen sus propias relaciones íntimas y saludables al entrar en la vida adulta.

Hay que reiterar que no se trata de que los niños "no amen" a sus padres ni de que los padres "no amen" a sus hijos. Es algo energético y, curiosamente, las personas con las que hablo que han experimentado este tipo de enredo lo entienden de inmediato. A menudo les oigo decir cosas como: "Siempre me sentía tan culpable, hiciera lo que hiciera en mi vida, y nunca entendía por qué".

Cuando los padres que están en matrimonios mal avenidos se enfocan obsesivamente en los niños por la falta de conexión con el otro progenitor, se debe normalmente a que, siendo ya adultos, no han llegado a individuarse de su familia de origen. Por lo general, su parte más infantil está tratando de aferrarse al sueño de una infancia idealizada. Por otra parte, las personas que todavía no se han individuado de su familia de origen podrían elegir inconscientemente una pareja incompatible para que no quepa la posibilidad de priorizarla con respecto a su familia de origen, lo que produciría un disgusto a sus familiares.

Las parejas que están en uniones mal avenidas a menudo niegan su situación por una razón importante: normalmente la mayoría de nosotros buscamos amigos y círculos sociales con los que resonamos y que sean compatibles con nuestra personalidad, creencias e intereses. Dichas conexiones pueden impedirnos afrontar la dolorosa verdad de nuestra relación insatisfactoria y llevarnos a cometer el error de pensar que dicha relación es normal. Déjame que lo explique.

Si estás en una relación disfuncional, lo más probable es que te juntes con otras personas que también estén en situaciones disfuncionales: de modo que tu situación te parece normal, y no tienes razón para cuestionarla. Por ejemplo, si eres bebedor, es muy probable que pases tus ratos de ocio con otras personas que también beben en exceso. Incluso es probable que llegues a creer que hay algo anormal en las personas que se divierten sin beber. Nada te obliga a examinar tu estilo de vida y cómo podría estar dañándote a ti y a tus seres queridos porque sientes un respaldo constante a la aparente normalidad de tus acciones.

Lo mismo ocurre con las relaciones disfuncionales. Como tu unión parece "normal" en comparación con las de las personas que conoces, te resulta difícil juzgar si es saludable o no. Sin embargo, hay algunas preguntas que puedes plantearte para ver si esa relación te ayuda o si resulta dañina para ti y tu familia.

- ¿Te descubres pasando más tiempo de relación social con tus hijos que con tu esposa/pareja o grupo de pares?
- ¿Te sientes más cómodo con tu esposo/pareja cuando los niños están presentes?
- ¿Llamas a tu pareja por su nombre o por su apodo en lugar de llamarle "mami/mamá" o "papi/papá" para referirte a ella cuando estás con los niños?
- ¿Criticas, menosprecias o ridiculizas de algún modo a tu pareja en presencia de tus hijos?

Si descubres que respondes "sí" a cualquiera de estas preguntas, es posible que la relación con tus hijos esté siendo priorizada con respecto a la relación con tu pareja. En tal caso, tal vez descubras que buscar la ayuda de un buen terapeuta familiar puede mejorar la situación. Después de todo, lo más importante es que tu familia sea saludable y esté feliz.

Cuando Papá y Mamá bailan al mismo son amoroso —a nivel físico, emocional y mental—, los niños prácticamente cuidan de sus propias emociones. El mayor regalo que los padres pueden dar a sus hijos es amar al otro progenitor. Incluso si deciden que tienen que disolver su relación, puede hacerse en un espacio de amor y respeto. Como los hijos aman a ambos padres por igual, es probable que internalicen cualquier conflicto entre ellos, lo cual suscita sentimientos de confusión y desdicha.

No obstante, cuando los padres separados exhiben respeto mutuo y reconocen su responsabilidad por la separación, los sentimientos de amor de los hijos por sus padres dejan de estar tan enredados en el conflicto, y pueden abordar con más facilidad el cambio e involucrarse en relaciones felices en el futuro.

Capítulo 10

Por qué la pareja tiene que venir antes que los hijos en los segundos matrimonios

Si Mamá y Papá, o ambos, están en nuevas relaciones, una vez más el deseo más profundo de los niños sigue siendo que Papá y Mamá sean amigos y se amen, aunque ya no estén juntos. Porque, recuerda, el niño está hecho de un 50% de Mamá y un 50% de Papá. Su siguiente deseo es que ambos sean felices. Por lo tanto, es importante que hagas de este siguiente intento de relación tu relación primaria —tu primera prioridad—, aunque tu nueva pareja no sea el padre o la madre biológicos de tus hijos.

A menudo, este enfocarse en exceso en los niños cuando alguien vuelve a casarse o entra en una nueva unión procede de una sensación de culpa, de la creencia por parte de uno de los padres de que él o ella ha hecho que los niños no estén viviendo con el otro progenitor, y es posible que dedique muchos esfuerzos a compensar esto.

Lo que parece ser beneficioso para todos los miembros de la familia es cuando el padre biológico deja de enfocarse tanto en los hijos y se asegura de tener una relación buena y sólida con su nueva pareja.

A continuación se aplica la misma regla: los niños verán a mamá y a su padrastro, o a papá y a su madrastra, sentados en sus tronos por encima de los niños, juntos y unidos, y está claro que nadie va a venir a separarlos. Esto permite que los niños se sientan seguros y se desarrollen de una manera más saludable que si sienten que el progenitor con quien residen se siente culpable todo el tiempo. Al mismo tiempo, a los niños se les está ofreciendo como modelo una situación saludable, aunque sea con un progenitor adoptivo, antes de que se embarquen en su primera relación.

Es importante entender el increíble poder del amor. Si realmente te amas a ti mismo, eso lleva a amar a otros, y si puedes encontrar el modo de perdonar a todos y de amar a todos, eso acabará produciendo más paz interior. Esto no significa que tengas que estar con alguien con quien no quieres estar, pero puedes amarle de todos modos. Puedes crear un vórtice de amor tal que cualquiera que te rodee se sienta cómodo y seguro. He aprendido que las relaciones funcionan mejor cuando empiezas a librarte de toda la envidia, los celos y el odio, y practicas el amor y el perdón en todas las áreas de tu vida.

El amor es una energía muy poderosa; te impulsa más lejos que cualquier cohete.

Este es un recordatorio de su poder:

El Poder del Amor

No hay dificultad que suficiente amor no pueda conquistar.

No hay enfermedad que suficiente amor no pueda curar; no hay puerta que suficiente amor no abra; no hay distancia que suficiente amor no supere.

No hay muro que suficiente amor no eche abajo; no hay pecado que suficiente amor no redima.

No importa lo asentado que pueda estar el problema, lo desesperado que sea su aspecto, lo grande que sea el error, una cantidad suficiente de amor lo disolverá todo.

Si pudieras amar lo suficiente, serías el ser más feliz y poderoso del mundo.

—Emmet Fox, maestro espiritual irlandés
(1886-1951)

Capítulo 11

Disolver las relaciones que no se pueden trabajar

En este capítulo vamos a ofrecer pistas importantes si se ha tomado la decisión, bien conjuntamente o por uno de los miembros de la pareja, de acabar la relación de manera definitiva. Debido a lo diferente que es el impacto de un final así cuando hay niños involucrados, vamos a examinar ambos escenarios.

CUANDO HAY NIÑOS INVOLUCRADOS

Si un miembro de la pareja decide dejar la relación y hay niños implicados, es muy importante que ambas partes se den cuenta de que no es su separación lo que realmente daña a los niños (aunque esto, por supuesto, resulta muy inquietante); es la amargura, el odio, el resentimiento o los celos entre los padres lo que causa el máximo daño.

Es crucial que cada uno de los padres minimice el conflicto, y hay muchas maneras de hacerlo. El primer paso es ser muy consciente de cómo dar esta noticia devastadora a los niños. Por supuesto, tiene que hacerse de un modo apropiado para su edad y sin hacer referencia a que ninguna de las partes es "culpable". Aunque habrá diversos niveles de enfado, dolor y celos si un miembro de la pareja se va contra el deseo del otro, es esencial que no se les dé voz delante de los niños.

Implicar a los niños en cualquier información que acuse al otro progenitor, aún en caso de una infidelidad real o sospechada, nunca es apropiado y les hará mucho daño. Si se ha hecho todo lo posible por que funcione la relación, y se ha decidido que ahora lo mejor es separarse, cuando se disuelve una relación en la que hay niños involucrados sugiero que es esencial conseguir apoyo profesional.

Estoy en contra de que el sistema legal intervenga en el divorcio y la separación, sobre todo cuando hay niños involucrados. Tanto los padres como los niños estarán mucho mejor si quien lleva adelante todo el proceso de divorcio, separación, cuidado y control, y los asuntos relacionados con el reparto económico, es alguien del campo de la terapia. Por desgracia, la mayoría de los defensores legales intentan demostrar que su cliente tiene "razón" y que el otro lado se "equivoca", y ganan cantidades inmensas de dinero librando estas batallas inútiles. Ellos siempre son los únicos ganadores, y los padres y los niños siempre salen perdiendo.

La realidad es que cada ruptura es un asunto al 50 por ciento. Si, al principio, piensas que esta es una declaración escandalosa (porque tu pareja te ha sido infiel, por ejemplo), espero que los capítulos anteriores de este librito te ayuden a verlo de otra manera. Si los miembros de la pareja están dispuestos a ser muy honestos y a trabajar con un terapeuta durante la ruptura, tal vez descubran que pueden llegar a una sensación de entendimiento y de paz, que es el mayor regalo que pueden darse a sí mismos y a sus hijos.

Cada niño es mitad su madre y mitad su padre, y nuestros padres viven dentro de todos nosotros durante toda nuestra vida. ¡Vaya pensamiento, eh! De modo que cuando un progenitor mantiene una actitud negativa e hiriente hacia el otro, los hijos de esa unión sienten inconscientemente esa negatividad dentro de ellos mismos.

En consecuencia, eso reducirá su autoestima porque sentirán amargura hacia una parte de sí mismos. Recuerda que cualquier situación en la que hablas mal del otro progenitor, te comportas sin respeto hacia él e incluso albergas pensamientos hirientes hacia él, está causando un daño serio a los niños que dices amar, y también te estás haciendo daño a ti mismo.

Si puedes recordar que esto es un abuso infantil serio, tal vez te ayude a tomar conciencia cuando surja el impulso de practicar estos comportamientos. La solución es asumir el cien por cien de responsabilidad por el 50 por ciento de tu contribución a la separación, y comenzar a trabajar contigo mismo. Perdón, compasión y amor deben ser tu objetivo final porque, si no llegas allí, ¡repetirás tus elecciones en distintos cuerpos hasta que lo consigas!

Si sientes que lo que acabas de leer te ha irritado, ¡esto podría ser un indicador de que tienes algo de trabajo que hacer en esta área! No me disculpo por ello porque nosotros, los adultos, tenemos la responsabilidad de proteger a nuestros hijos de todas las formas de abuso. Y no cometas el error de pensar que esto no es abuso emocional.

Si te aferras a la amargura con respecto a tu ex, y sientes la tentación de agriar las mentes de tus hijos, esa intención acabará volviendo para atormentarte. En la actualidad, esta práctica de intentar agriar la mente de los niños con respecto al otro progenitor recibe el nombre de "Síndrome de alienación parental", y hay algunos buenos libros sobre este profundo tema en la sección de recursos.

Este hábito puede conllevar un daño profundo y duradero para los niños inocentes, y también es probable que impacte en el desarrollo de su propia historia relacional.

Acuérdate de bendecir todas las cosas de tu vida porque todo lo que bendigas acabará bendiciéndote de vuelta. Asimismo, todo lo que maldigas acabará maldiciéndote de vuelta. Es posible que no ocurra de inmediato, y es posible que la maldición no venga de la persona o cosa que has maldecido, pero vendrá de algún lugar en alguna forma.

Esto no tiene nada que ver con un castigo de Dios. Si en tu familia se habló alguna vez de que "Dios te castiga", has de saber que no se daban cuenta de que Dios había salido a jugar a golf mientras todo esto estaba ocurriendo.

Esto no tiene nada que ver con Dios; es simplemente algo que nos hacemos a nosotros mismos. Esta es una de las grandes lecciones de la vida.

CUANDO NO HAY NIÑOS INVOLUCRADOS

Aunque sigue siendo una situación traumática, está claro que ya no es tan traumática cuando las parejas se separan y no hay niños involucrados. Cuando esto ocurre, sigo recomendando acabar la relación con la ayuda de un buen terapeuta. Es crucial experimentar "finales" adecuados en las relaciones, porque, si no creas un final limpio y satisfactorio, es probable que sin darte cuenta lleves ese asunto inacabado a la relación siguiente.

Los finales son una oportunidad para que cada miembro de la pareja pueda expresar sus sentimientos con respecto a la relación: los buenos y los no tan buenos.

Hay muchas maneras de hacer esto, e incluso si uno de vosotros no está preparado para ello, hay maneras de llegar al final sin la cooperación de tu expareja.

Una vez más, incluso cuando no hay niños involucrados, sigue siendo imperativo alcanzar la etapa del completo perdón, la compasión y el amor por tu ex. Esto es duro, lo sé. Pero puedo asegurarte que si no llegas a comprender por qué has experimentado esta relación insatisfactoria y asumes el cien por cien de responsabilidad por tus elecciones, sin duda vas a repetir el ejercicio con una persona aparentemente "diferente", o pasarás solo el resto de tus días. En este caso, podrías engañarte pensando que ya nunca más te va a interesar ninguna relación. Por lo general esto encubre el miedo de volver a experimentar dolor.

Capítulo 12

Las tres etapas del perdón en las relaciones

Primera etapa: Ellos/él/ella me hicieron esto, y yo les perdono. (De modo que ahora asumo una posición "superior" al otro, que no me aporta paz).

Segunda etapa: Ellos/él/ella no me lo hicieron *a* mí, sino que lo hicieron *para* mí, para mi propio aprendizaje y crecimiento. (Esto genera una experiencia algo más pacífica; sin embargo, sigue estando presente la sensación de que el otro es responsable de mis sentimientos y, por lo tanto, de algún modo yo sigo sintiéndome "víctima").

Tercera etapa: Ellos/él/ella en realidad no hicieron nada para causarme incomodidad, sino que fue mi propia interpretación de lo que pareció ocurrir lo que alteró mi paz. En realidad nada de ello ocurrió; yo soy el creador de mis propias experiencias porque mis pensamientos y creencias son muy poderosos, y los proyecto afuera, de modo que mi vida se convierte en una expresión de ellos.

PRIMERA ETAPA

He aprendido de estudiar y, lo que es más importante, de practicar los principios de *Un curso de milagros* durante casi dos décadas, que el verdadero perdón es un proceso que tiene que ser aprendido. Según mi experiencia, estas tres importantes etapas del perdón que se mencionan más arriba han sido una parte crucial de mi curación. Fue muy importante que pasara por las dos primeras etapas y las experimentara antes de saltar a la tercera y última.

Cuando tomé la decisión de que quería encontrar una manera mejor de vivir y de estar en el mundo, pedí a mi intuición (maestro interno, lo que *Un curso de milagros* llama el Espíritu Santo) que me mostrara el siguiente paso. Como siempre, cuando pedimos, recibimos, aunque no siempre del modo que habíamos previsto.

Estaba asistiendo a una convención de fin de semana de Alcohólicos Anónimos. Era de noche y había baile, música y diversión. Una mujer, compañera de AA, se acercó a mí y me invitó a bailar. El miedo de mi ego hizo que me empantanara ante ese pensamiento.

—Oh, gracias, pero no me encuentro muy bien —mentí.

A continuación, la vergüenza de haber mentido hizo presa en mí; me excusé y me dirigí a mi habitación en el centro de retiros.

Me sentí muy disgustado conmigo mismo mientras estaba allí, tumbado en la cama, mirando fijamente al techo y gritando: "¿Por qué no puedo entrar a una pista de baile sin haber tomado alcohol? Por favor, que alguien de ahí arriba me ayude".

A la mañana siguiente fui a la facultad donde estudiaba para obtener el diploma de terapeuta, cuando una persona del grupo se me acercó con un librito en la mano, diciéndome:

—John, tienes que leer este libro. Es asombroso.

El título del libro era *Sanar nuestro niño interior*, de Charles Whitfield. En ese momento de mi recorrido todavía no había oído hablar del "niño interno", como le llamaba el autor. Pero, en cuanto mi amigo me mostró el libro, mi maestro interno, la voz interna que siempre sabe lo que más me conviene, me dijo que era para mí. Aún no había entrado en contacto con *Un curso de milagros* y no estaba familiarizado con el término "Espíritu Santo" o "Voz que habla por Dios", de modo que simplemente llamaba a este sentimiento "Mi cosa". ¡Cuando por algún motivo se activaba mi cosa era una señal para que prestara mucha atención!

De modo que leí el libro de principio a fin en muy poco tiempo. Era un libro delgado y eso me gustaba. En cuanto lo acabé, me di cuenta de que era la respuesta a mi ruego: "¿Por qué no puedo entrar en una pista de baile sin tomar alcohol?". Ahora entendía que tenía este niño pequeño dentro de mí que se sentía avergonzado de su cuerpo y no deseaba levantarse y empezar a dar vueltas por la pista de baile para que todo el mundo se riera de mí. ¿Ves lo perverso que era mi ego? UCDM explica: "El ego es capaz de ser desconfiado en el mejor de los casos, y cruel en el peor" (T-9.VII.3:7).

A pesar de este ataque del ego, en ese momento tenía la determinación de hacer lo que me sintiera guiado a hacer para sanar mi niño interno. Ya tenía suficiente de la vergüenza y la culpa que había llevado conmigo y volví a preguntar: "Muéstrame cuál es el mejor curso para lograr esta curación". En cuanto puse esta petición en el éter, recibí la respuesta.

Estaba ojeando una revista titulada *South East London Connection* y la página de la derecha saltó ante mis ojos. Anunciaba un curso titulado en aquellos días "The Hoffman Quadrinity Process" (ahora se llama "The Hoffman Process" [El proceso Hoffman]). Dos cosas me llamaron la atención. En primer lugar había una recomendación de John Bradshaw, que alababa la eficacia de este curso para curar las heridas de la infancia y volver a entrar en contacto con nuestro verdadero yo.

Lo que me impactó fue el hecho de que yo estaba a punto de empezar otro libro de John Bradshaw titulado *Sanar la vergüenza que nos domina*. De modo que lo consideré un mensaje que confirmaba que este proceso Hoffman era sin duda para mí.

La segunda cosa que me llamó la atención fue que la oficina principal del Instituto Hoffman en el Reino Unido está en la tranquila ciudad de Arundel, en la costa sur de Sussex. Mi profunda conexión con esa ciudad consiste en que, de niño, me alejaba de la que entonces era mi alocaba madre alcohólica durante las vacaciones escolares y los fines de semana y me refugiaba en los hermosos terrenos del Castillo de

Arundel. Sentía un gran alivio sentándome allí solo y disfrutando de la paz que me faltaba en mi hogar familiar.

Estas dos "señales" fueron suficiente para mí. Supe que aquel curso era para mí. A pesar de que no sabía nada de él, telefoneé inmediatamente al Instituto para preguntar cuándo hacían el próximo curso. La persona que respondió al teléfono era el cofundador del Instituto Hoffman en el Reino Unido, Tim Laurence. Él y Serena, su esposa en aquel tiempo, habían tomado el curso en Norteamérica y Canadá, y lo habían traído al Reino Unido.

Tim se sintió un tanto sorprendido cuando le pedí que tomara los detalles de mi tarjeta de crédito sin saber nada del curso. Me recomendó que antes hablara con alguien que lo hubiera hecho y que pudiera responder a mis posibles preguntas. Sin embargo, no cambié de posición. Mi guía interna me había dado toda la confirmación que necesitaba. De modo que me apunté en aquel momento para el curso siguiente.

Empecé a hacer este trabajo veinte años después de la muerte de mi madre y veintinueve años después del deceso de mi padre. Entonces todavía pensaba que mi madre era el "diablo" y mi padre era el "santo".

Había hecho la típica "separación" entre mis padres y culpaba de todo a mi madre alcohólica. En consecuencia, tenía un agudo desequilibrio entre mis lados masculino y femenino, que se manifestaba en mi mundo externo. Creía que todas las mujeres eran crueles y faltas de amor, y que nunca estaba presentes. También suponía que los hombres tenían que sonreír, soportarlo todo y no enfadarse nunca; así, desarrollé la típica mentalidad de "víctima".

Durante el proceso de trabajo, un curso intensivo de siete días, pude volver atrás y echar una mirada detenida a mi infancia. Se me dio la oportunidad de realmente sentir y expresar todo el enfado, el dolor y la profunda tristeza de mi infancia aparentemente perdida.

A continuación se me dio la oportunidad de examinar, con igual cuidado, las infancias de mis dos padres y de sentir el mismo dolor que ellos debían haber experimentado mientras crecían. Después de aquellos siete días increíblemente duros, encontré un lugar de aceptación total de mí mismo y de autoamor; y de perdón y compasión por mis padres. Sin embargo, la experiencia más poderosa fue el sentimiento de total equilibrio entre ellos. Experimenté a ambos como iguales, cada uno de ellos no era ni un poco mejor o peor que el otro.

Esto tuvo un efecto muy positivo en mi vida. Solo fue el comienzo de mi curación, pero al menos ya no sentía ninguna diferencia entre masculino y femenino a nivel profundo y había sanado este desequilibrio dentro de mí. Poco a poco fui notando que ya no hacía ningún comentario inapropiado en función del género, como: "Las mujeres son así..." o "Los hombres hacen aquello", y me volví más sensible a este tipo de generalizaciones de otras personas. Había sanado la mayor parte de mis problemas de separación entre masculino y femenino.

SEGUNDA ETAPA

Me encontré con un libro titulado *Perdón radical*, de Colin Tipping, y decidí hacer su taller del perdón radical en Atlanta, Georgia.

Muchos de sus conceptos eran parecidos a los del Proceso Hoffman, aunque el curso no fue tan intenso, pues solo duraba un fin de semana. El taller profundizó mi comprensión de la teoría de que en mi vida todo ocurre para mi propio crecimiento y aprendizaje. Me dieron algunas excelentes hojas de trabajo que me ayudaron a recordar el precepto básico cuando me daba cuenta de que empezaba a "culpar".

Aunque hallé el taller muy útil, supe que aún tenía que encontrar algo más, pues todavía tenía esta sensación de estar "buscando" algo.

TERCERA ETAPA

Me gusta llamar a esta etapa la del "Perdón cuántico", porque requiere un salto cuántico en la comprensión del proceso de perdón. Esta enseñanza vino a mí en forma del libro de autoestudio espiritual llamado *Un curso de milagros* (UCDM). Esta obra maestra entró por primera vez en mi vida en 1999, cuando estaba en la universidad estudiando para ser terapeuta. Había estado haciendo algunas tareas para casa de la universidad con una compañera de clase, y al salir de su casa vi el famoso y grueso libro azul sobre una mesa cerca de la puerta principal.

"Oh, esto parece interesante. ¡Me encantaría aprender a hacer milagros!", comentó mi ego. Mi compañera no dijo gran cosa, pero eso fue suficiente para comprarme el libro.

Cuando llegó, eché una mirada rápida al índice de contenidos. Se parecía mucho a una Biblia, con sus páginas de papel fino y abundante texto. Estaba más que intrigado por cómo había llegado a ser aquel libro, lo cual se explica brevemente en las primeras páginas.

En cualquier caso, continué metiéndome en el libro y asistiendo a diversos grupos de estudio de UCDM, pero nunca me lo tomé demasiado en serio. Era consciente de que la mayoría de los autores que admiraba en el campo de la autoayuda y la espiritualidad parecían ser estudiantes de UCDM e hice la conexión de que debía haber algo en aquel material, pero todo ello parecía demasiado pesado para mí y a menudo me sonaba a chino.

Curiosamente, a pesar de mi hábito de regalar siempre los libros que iba leyendo, este nunca lo regalé, y me acompañó en mis viajes a distintas partes del mundo.

En 2003 recibí un email del doctor Wayne Dyer recomendando un nuevo libro titulado *La desaparición del universo*, de Gary Renard. El libro me encantó y me sentí muy aliviado de poder entender las explicaciones que ofrecía del verdadero significado de *Un curso de milagros*. A partir de ese día, me convertí en un estudiante comprometido de UCDM. Completé el *Texto,* las 365 lecciones del *Libro de ejercicios* y el *Manual para el maestro*, y he continuado leyéndolo cada día.

Es posible que UCDM no sea para todos, y no tengo intención de guiar a la gente a un modelo de curación particular. Hay muchas maneras de hacer este trabajo de curación cuántica y, como siempre, te animo a encontrar lo que funcione mejor para ti.

Me gustaría expresar mi creencia en la importancia de hacer el trabajo con el "dolor original" antes de embarcarse en las prácticas espirituales superiores. He descubierto que cuando no se emprende el trabajo de la pena profunda y alguien se involucra en las teorías y prácticas espirituales elevadas, el viejo enfado no procesado puede rezumar de maneras muy sutiles, y a veces no tan sutiles.

Las personas que dejan de hacer este trabajo básico a veces reciben el nombre de "sanadores no sanados". Me gustan las frases que advierten contra este proceso de evitar el proceso de sanación del yo inferior para saltar directamente a las prácticas espirituales. A veces esto ocurre con organizadores, terapeutas o líderes de talleres que expresan inconscientemente estos procesos no sanados —desde posiciones de supuesto "poder"— sobre las personas a las que se supone que están ayudando.

Conclusión

Una de las principales lecciones que he tenido que aprender tanto en las relaciones como en la vida en general es que nunca puedo controlar ni cambiar a otra persona. Muchas personas se pasan toda la vida intentando controlar a todo el mundo y todas las cosas que les rodean, pero lo cierto es que solo podemos controlarnos a nosotros mismos.

Me gustaría hacer énfasis en que nada de lo contenido en estas páginas tiene la intención de criticar o condenar a cualquier persona o grupo. Una de las cosas de las que estoy convencido después de muchos, muchos años de serio autoexamen e introspección es que todo el mundo, sin excepción, está haciendo lo que cree que está bien con la comprensión de que dispone. Están haciendo lo mejor que pueden con las "herramientas" que tienen. Ya no creo que haya "personas malas" sino "personas heridas". Y una cosa es segura, las "personas heridas" hieren a otras personas. Y si no a otros, entonces a sí mismos, y con frecuencia a ambos.

Una de las razones por las que a muchos de nosotros nos cuesta tanto alejarnos de, o negarnos a aceptar, conductas y actitudes que nos parecen ofensivas, tanto en el trabajo como en nuestras relaciones personales, tiene sus raíces en nuestros primeros años de vida y en nuestros modelos de educación tradicionales.

Ya sé que hay muchas escuelas maravillosas en el mundo que honran los deseos del niño de aprender lo que quieren aprender y cuándo quieren aprenderlo. No estoy hablando de ellas. Me estoy refiriendo a las escuelas más convencionales, donde se tiene que seguir un curso de estudios decretado por el gobierno.

En este sistema, si a un niño se le fuerza continua y consistentemente a hacer y a estudiar cosas que no le gustan, y se le impide hacer lo que le gusta, se abren nuevas rutas neuronales en el cerebro que transmiten el mensaje de que esta persona tiene que hacer lo que le resulta incómodo o le disgusta.

Me gustaría sugerir que estos patrones de "conformidad" profundamente arraigados se ponen en marcha cuando esa persona está experimentado cualquier tipo de abuso, y argumentaría que esta es la razón por la que tantas personas se conforman con relaciones y trabajos insatisfactorios.

La última investigación sobre neuroplasticidad cerebral ha mostrado que el cerebro sigue construyendo estas nuevas rutas neurales a lo largo de toda la vida. El lado positivo de este descubrimiento es que es posible empezar a producir nuevas rutas que den a la persona el mensaje de que lo que está experimentando no está bien, y así pueda empezar a establecer límites.

Tengo una fe inamovible en la bondad innata de la esencia de toda la humanidad, y sugiero que la crueldad y el dolor que nos infligimos unos a otros, y también a nosotros mismos, hunden sus raíces en el autoodio y en la culpa intensa.

Si esto es así, sin duda el remedio debe ser el amor hacia uno mismo, abandonar la culpa y darnos cuenta de nuestra inocencia innata. Esto es lo que recomiendo como una manera segura de mejorar tus elecciones relacionales.

Como he reiterado antes, este librito solo tiene la intención de ser una introducción al complejo tema de las relaciones. Espero que hayas encontrado suficiente información dentro de estas páginas como para establecer contigo mismo el compromiso sincero de hacer lo que sea necesario para asegurarte de que, tanto si ya estás en una relación íntima comprometida como si no, no te conformarás con menos de lo que es tu derecho de nacimiento y que tanto mereces: una unión profunda y mutuamente satisfactoria, llena de alegría, diversión, felicidad, curación, amistad y sexo genial.

Sí, lo creas o no, el sexo también es tu derecho de nacimiento. Un lugar seguro donde puedes explorar tu propio cuerpo y el del otro con una sensación de total inocencia, a medida que vas sanando cualquier antigua vergüenza que te pueda haber sido transmitida inconscientemente por tu familia y/o por tu sistema de creencias culturales o religiosas. Y recuerda que esta exploración no tiene edad: ¡el sexo genial no tiene nada que ver con la edad! (Véase www.inocentsex.org).

Las relaciones íntimas también pueden ser un lugar donde podéis encontrar un modo de aprender a estar en desacuerdo uno con el otro de manera segura y sin que sea desagradable. En muchos sistemas familiares, cuando los miembros discuten o están en desacuerdo sobre algo, acaban sin hablarse durante meses, e incluso años. Nadie les ha ofrecido el modelo de cómo estar en desacuerdo y seguir siendo amigos.

La sección sobre investigación ha sido construida cuidadosamente para que puedas explorar con atención cualquiera cosa hacia la que te sientas atraído. Te puedo garantizar que, a menos que mencione específicamente lo contrario, he leído cada uno de los libros y asistido a cada uno de los talleres a los que hago referencia en estas páginas.

También me gustaría añadir que si la palabra Dios te provoca dudas, has de saber que a mí me producía lo mismo hasta que encontré otra idea de Dios: no el hombre enfadado y castigador del cielo que me enseñaron cuando era niño. Este es un Dios amoroso, bondadoso y totalmente perdonador que ha estado conmigo y ha sido *parte* de mí toda mi vida; no es algo *aparte* de mí, como me enseñaron.

Cualquiera que haya sido tu experiencia de la palabra Dios, permíteme compartir estas líneas del gran poeta sufí Hafiz, que dijo: "Al final solo tienes dos opciones: o bien vienes a Dios vestido para bailar o llegas a la sala de Dios en camilla". He descubierto que esto es muy verdadero. Otra cosa que podrías probar, si sientes que la palabra Dios te bloquea, es sustituirla por la palabra Amor, ¡encuentro que son lo mismo!

Apéndice

El perdón me ofrece todo lo que deseo

Un curso de milagros, tomado de la Lección 122.

¿Qué podrías desear que el perdón no pueda ofrecerte? ¿Deseas paz? El perdón te la ofrece. ¿Deseas ser feliz, tener una mente serena, certeza de propósito y una sensación de belleza y de ser valioso que transciende el mundo? ¿Deseas cuidados y seguridad, y disponer siempre del calor de una protección segura? ¿Deseas una quietud que no pueda ser perturbada, una mansedumbre eternamente invulnerable, una profunda y permanente sensación de bienestar, así como un descanso tan perfecto que nada jamás pueda interrumpirlo?

El perdón te ofrece todo esto y más. Pone un destello de luz en tus ojos al despertar y te infunde júbilo con el que hacer frente al día. Acaricia tu frente mientras duermes y reposa sobre tus párpados para que no tengas sueños de miedo o maldad, de malicia o ataque. Y cuando despiertas de nuevo, te ofrece otro día de felicidad y de paz. El perdón te ofrece todo esto y más.

20 CLAVES PARA CREAR HÁBITOS SALUDABLES EN LAS RELACIONES

1. Examina tus experiencias infantiles y las historias relacionales de tus padres y abuelos (cuando sea posible). Averigua todo lo posible de tu árbol familiar con respecto a sus relaciones.

2. Haz una lista de todas las creencias que te puedes haber formado sobre los hombres y las mujeres como resultado de las experiencias familiares que hayan impactado negativamente en cualquiera de tus relaciones. Estate dispuesto a cambiar estas creencias negativas. Recuerda que una creencia solo es un pensamiento que continúas pensando. De modo que si deseas tener otra creencia distinta, establece el compromiso de cambiar tu patrón de pensamiento habitual.

3. Establece el compromiso de cambiar cualquier creencia que pueda estar impidiéndote tener relaciones saludables.

4. Comprométete a iniciar tu proceso de curación de la manera que mejor funcione para ti. Recuerda que cada uno de nosotros ha experimentado "algunas cosas", solo que en distintos grados.

5. Entiende que este trabajo no es para culpar a los padres, a los miembros de la familia, ni a nadie más, sino que guarda relación con reconocer de dónde vienen los patrones insanos para poder romper esa cadena.

6. Comprométete a tener una actitud de "tolerancia cero" hacia el abuso, sobre todo hacia ti mismo. Recuerda que puedes haber crecido con padres que tenían desórdenes emocionales y de personalidad muy profundos, que no son tu responsabilidad y que tú no puedes sanar.

7. Si estás con alguien que da tortas, pega, grita, chilla, lanza objetos, empuja, provoca o viola de algún modo tu cuerpo o tu mente, es probable que estés lidiando con uno de estos desórdenes de la personalidad. Son serios y no desaparecerán sin más.

8. Si hay niños involucrados, entonces ellos están siendo testigos de esto, y si alguien es testigo de cualquier tipo de abuso, al mismo tiempo está siendo abusado. De modo que habla con alguien en quien confíes, crea un sistema de apoyo para ti mismo y, si después decides irte, sal de allí tan rápido como puedas. Las personas con desórdenes serios pueden volverse muy peligrosas cuando sienten que alguien las está "abandonando". De modo que primero obtén un buen apoyo.

9. Ten cuidado de vigilar cualquier hábito adictivo que puedas tener o que pueda tener cualquier futura pareja. Alcohol, drogas, medicación recetada, compulsión por el trabajo o la sexualidad son algunas de las adicciones más comunes. De modo que asegúrate de que tú y tu futura pareja seáis conscientes de cualquier hábito destructivo, y establece el compromiso de lidiar con el tuyo.

10. Asegúrate de tener las dos químicas básicas con tu pareja antes de establecer un compromiso. Recuerda que la química de mejores amigos y la química sexual deben estar presentes para que la relación tenga la oportunidad de funcionar a largo plazo y de que sea satisfactoria para ambos.

11. Comentad vuestras ideas sobre la relación y estableced acuerdos sobre los niños, las responsabilidades compartidas, las finanzas y otros temas vitales antes de realizar el compromiso. ¿Están vuestras creencias sobre las relaciones en mutua sintonía? ¿Queréis realmente ambos tener hijos? Si uno quiere y el otro no, no hace falta ir más lejos y hacer un compromiso que ya está condenado de partida.

12. Asegúrate de que tu futura pareja comprenda los principios de las relaciones y esté preparada para avanzar en este viaje de curación contigo. Si no está de acuerdo, es probable que acabe culpándote por sus sentimientos incómodos.

13. Comprométete a ahondar en tu sensación de autoamor. Cuanto más puedas amarte incondicionalmente, mayores son las probabilidades de que atraigas, y conserves, una pareja amorosa y saludable.

14. Haz una lista de todas las cosas que hayas hecho a otros de las que te sientes avergonzado, o que te hacen sentir incluso un mínimo de enfado o de culpa. Haz otra lista de lo que otras personas te han hecho a ti en este mismo sentido. No hace falta que nadie más vea la lista, pero hazla de todos modos.

15. A continuación, al lado de esas cosas que has hecho, escribe las palabras "y me perdono a mí mismo y a ellos". Si hay alguien en quien realmente confíes —y esta es la parte más importante— y con quien te sientas cómodo compartiendo la lista, pregúntale si está de acuerdo en que se la leas.

16. Si eres capaz de hacer esto, léele la lista a esa persona y deja que todas las emociones que surjan a la superficie fluyan hacia fuera. Cuando hayas acabado, puedes hacer una pequeña ceremonia o ritual en el que quemes la lista, trasmutando así la energía. Esto es muy poderoso.

17. Si no tienes a nadie con quien te sientas lo bastante cómodo como para compartir la lista, haz una pequeña ceremonia y quema la lista cuando la hayas acabado. Siempre puedes "imaginar" que ciertas personas están contigo.

18. Evita pasar tiempo cuando no sea necesario con personas que traten de menospreciarte, criticarte, o que intenten inducir culpa en ti. Recuerda que las personas que hacen esto se sienten mal consigo mismas, y por lo tanto tratan de hundir a otras para sentirse mejor con ellas mismas. Algunas personas entran en profesiones marcadas por tener "poder" sobre otros, como las de maestros, policías, militares y similares para poder legitimar la ira contra sus subordinados. Te animo a ser consciente de esto y a emprender las acciones necesarias para informar de tal abuso si te encuentras con él.

19. Estate preparado para informar de esta conducta inapropiada a las autoridades competentes. Muchas personas que han sido abusadas de niños por sus padres y/o por figuras de autoridad están condicionadas a mantenerse en silencio ante cualquier abuso. "Nunca laves tus trapos sucios en público" es uno de los mensajes favoritos de los sistemas familiares abusivos. Y otro es: "La sangre es más densa que el agua; no puedes confiar en los que no tienen tu misma sangre". Estos mensajes son muy nocivos y controladores, y tienen el objetivo de asegurar que nunca hables del abuso a personas de fuera, y de esta manera seguirá ocurriendo.

20. Cuando hayas hecho el trabajo de sanar tu "dolor original", comprométete a empezar a practicar el perdón en tu vida, recordando que el perdón tiene que ser aprendido, y que es un estado mental y del corazón. Perdonar no implica que tengas que seguir estando en compañía de las personas a las que perdonas, incluso si son miembros de la familia.

Recursos

Aquí hay muchas cosas entre las que elegir. En primer lugar te animo a darte cuenta de qué apela a tu intuición, y a continuación lleva a cabo las debidas diligencias de la manera que sientas correcta antes de hacer tus elecciones.

Desde que comencé este trabajo, he descubierto que cuando aquieto la mente y pido de manera consciente a mi intuición que me guíe, siempre recibo instrucciones.

A veces toma la forma de que alguien que me habla de un libro que ha leído o de un curso que ha hecho. Aunque esto puede tomar muchas formas, la guía siempre se presenta.

He incluido algunos libros, cursos y formaciones que no he experimentado personalmente, pero puedo recomendarlos a partir de fuentes de información en las que confío; los he marcado con un asterisco. Está claro que puede haber otros terapeutas en tu área geográfica que tendrán las mismas capacidades e integridad. No obstante, te animo a que investigues a la hora de elegir a un terapeuta, consejero o coach. Te recomiendo que le preguntes no solo por sus cualificaciones profesionales y su sistema de supervisión, sino también a qué cursos ha asistido para su propia curación.

En una ocasión visité a una terapeuta EMDR (terapia de desensibilización y reprocesamiento por movimientos oculares) cuando esta modalidad era relativamente nueva en el Reino Unido. Ella me preguntó por mi sistema de creencias, y le dije que creía que todos tenemos el poder de curar cualquier cosa, y que como sanadores compartimos el mismo poder de Jesús. También le expliqué que creía que la mente es la causa raíz de todas las enfermedades.

La terapeuta me escuchó y luego comentó: "De acuerdo, aquí creo que estamos lidiando con un caso de disociación y delirios de grandeza". Le pagué el precio de mi sesión, nos perdoné a ambos y me largué de inmediato.

Asegúrate de encontrar a alguien con quien te sientas seguro y conectado. Estate siempre preparado para dejar al terapeuta, consejero o coach si sientes que no es adecuado para ti. No son malas personas, pero como en todos los campos, unos tienen distintos niveles de habilidad e integridad que otros. El aspecto más importante de cualquier terapeuta es el nivel de curación que él mismo haya alcanzado. Es imposible que un terapeuta o coach ayude a alguien a ir más allá de la etapa que él ha alcanzado en su propia curación.

Toda curación es un viaje sin fin, y toda terapia es un proceso de curación que va en los dos sentidos: tú también estás facilitando la curación de tu terapeuta, de modo que evita ponerlo en un pedestal.

Por último, por favor suelta cualquier creencia que puedas tener de que algunas veces has tenido relaciones "fallidas", sin importar cómo puedan percibirlas otros.

No existe tal cosa como una relación fallida. Todas las personas que han llegado alguna vez a tu vida lo han hecho para que se produzca una experiencia de aprendizaje mutuo. Cada uno de vosotros ha aportado algo que el otro necesitaba aprender. A veces esta lección puede ser que tú tomes tu espacio, que establezcas límites y que te alejes de lo que no funciona para ti. De modo que incluso en esa situación tu pareja ha sido una gran maestra para ti, y por lo tanto merece gratitud.

Cualesquiera que puedan haber sido tus experiencias individuales, te animo a que mantengas la fe en el PERDÓN, LA COMPASIÓN Y EL AMOR. Deja que estas tres cosas sean tu guía en tu viaje por la vida.

Confío en que este librito te haya sido de ayuda, e incluso es posible que haya activado algunas emociones en ti. En tal caso, te animo a estar con ellas; sabe que estás seguro y que eres más que lo que sientes. Alguien me comentó una vez que estos trabajos de curación te sacan de la desdicha y te llevan al dolor; esta siempre es la señal de que tu curación ha comenzado.

Gracias por compartir tu precioso tiempo conmigo. Te deseo una gran curación, relaciones pacíficas y amorosas en todas las áreas de tu vida y tengo muchas ganas de conocerte en alguna parte, en algún momento, en esta asombrosa Universidad de la vida.

Con amor,

John Campbell

Lista de recursos

Libros para curar las emociones, la familia de origen y la adicción

Adult Children of Parental Alienation Syndrome: Breaking the Ties That Bind, de Amy J.L. Baker.

Beyond Codependency, de Melody Beattie.

Beyond the Twelve Steps: Roadmap to a New Life, de Lynn Grabhorn.

Blessed Are the Addicts, de John A. Martin.

Codependent No More, de Melody Beattie.

Dibs in Search of Self, de Virginia Axline.

Emotional Incest Syndrome: What to Do When a Parent's Love Rules Your Life, de Patricia Love y Jo Robinson.

Families and How To Survive Them, de John Cleese y Robin Skynner.

Family Secrets, de John Bradshaw.

Fathers-To-Be Handbook, de Patrick Houser.

For Your Own Good, de Alice Miller.

Healing the Child Within: Discovery and Recovery for Adult Children of Dysfunctional Families, de Charles L. Whitfield.

Healing the Shame That Binds You, de John Bradshaw.

I Hate You – Don't Leave Me: Understanding the Borderline Personality, de J. Kreisman y Hal Straus.

Juan Salvador Gaviota (Alegoría), de Richad Bach.

On Becoming a Person, de Carl Rogers.

Overcoming Adicction, de Corinne Sweet.

Ponder on This, Alice Miller.

Silently Seduced, del doctor Kenneth Adams.

Stop Walking on Eggshells: Taking Your Life Back When Someone You Care About Has Borderline Personality Disorder, de Paul T. Mason y Randi Kreger.

El Gran Libro de Alcohólicos Anónimos, de Alcohólicos Anónimos.

The Drama of Being a Child, de Alice Miller.

The Family: A New Way of Creating Solid Self-Esteem, de John Bradshaw.

The Hoffman Process, de Tim Laurence.

The Journey, de Brandon Bays.

The Languaje of Letting Go, de Melody Beattie.

The Three Stages of Healing, de Carolyn Miss.

They F*** You Up: How to Survive Family Life, de Oliver James.

Toxic Parents, de la doctora Susan Forward.

Understanding the Borderline Mother: Helping Her Children Transcend the Intense, Un predictable and Volatile Relationship, de Christine Lawson.

You Can Change Your Life: A Future Different from Your Past with The Hoffman Process, de Tim Laurence.

Usted puede sanar su vida, de Louise H. Hay.

Grupos, lugares y técnicas terapéuticas

Encuentros de Alcohólicos Anónimos
Alcoholics Anonymous World Services
+1 212 870 3400
www.aa.org

Borderline Personality Disorder Resource
www.bpdcentral.com
www.bpdworld.org

Bradway Lodge Treatment Centre for Addictive Disorders
+441934 812319

Clearmind International
www.clearmind.com

EMDR (Técnica brillante para tratar traumas agudos)
www.emdr.com

Emotional Freedom Technique – World Center For EFT
www.emofree.com

Fathers-To-Be – Expectant Fathers – Patrick Houser &
Elmer Postle
+441892890614
www.fatherstobe.org

Hypnotherapy - The Hipnotherapy Association
+441257262124
www.thehypnotherapyassociation.co.uk

Sabine Young*
+44207 88762439
www.relationshiptherapylondon.co.uk

SOURCE Process and Breathwork – Binnie Dansby
+441892890614
www.binniedansby.com

The Hoffman Institute International Directory
www.hoffmaninstitute.com

The Hoffman Institute UK (The Hoffman Process)
+441903889990
www.hoffmaninstitute.co.uk

The Journey Work - Brandon Bays
+441656890400
www.thejourney.com

The NLP Academy – Neuro Linguistic Programming
+442086869952
www.nlpacademy.co.uk

The Star Process
+1 888 857 7827
www.starfound.org

Libros sobre curación física y nutrición

Cancer – Why We're Still Dying to Know the Truth, de Phillip Day

Heal Your Body, de Louise L. Hay

Mensajes del agua, del doctor Masaru Emoto, Liebre de Marzo, Barcelona.

Sanctuary: The Path To Consciousness, de Stephen Lewis y Evan Slawson

The Body Talk System: The Missing Link to Optimum Health, del doctor John Veltheim

The Journey, de Brandon Bays.

We Want to Live, de Aajonous Vonderplanitz.

World Without Aids, de Phillip Day

Your Body Speaks Your Mind: Understanding the Link between Your Emotions and Your Illness, de Debbie Saphiro.

Técnicas terapéuticas

Acupuntura
www.acupunture.com

Programa AIM
www.aimprogram.com

Trabajo de respiración
www.breathe-mag.co.uk

Terapia del colon
www.colonic-association.org

Emotional Freedom Technique (EFT)
www.emofree.com

Eye Movement Desensitization & Reprocessing (EMDR)
www.emdr.com

IBA Global Healing
www.bodytalksystem.com

Massage Naturopathy (Reino Unido)
www.naturopaths.org.uk

Naturopathy (Estados Unidos)
www.naturopathic.org

Rolfing
www.rolfing.org

La técnica Alexander
www.alexandertechnique.com

The Journey Work – Brandon Bays
+441656890400
www.thejourney.com

Libros sobre relaciones

22 Boyfriends to Hapiness: My Story and the Seven Secrets on How to Find True Love, de Catherine Buchan.

Getting the Love Your Want: A Guide for Couples, de Harville Hendrix.

The New Couple: Why the Old Rules Don't Work and What Does, de Maurice Taylor y Seana McGee.

What's the State of Your Union: Instant Relationship Self-Diagnosis, de Seana McGee y Maurice Taylor.

Grupos, talleres, terapeutas y técnicas

Imago Relationships International
+1212 240 7433
https://imagorelationships.org/

Sabine Young*
+44207 88762439

Libros sobre la curación sexual

*Amor curativo a través del Tao: cultivando la energía sexual femenina**, de Mantak Chia.

Innocent Sex: A Path from Guilt to Freedom, de la doctora Anne & John Campbell.

*Secretos taoístas del amor: cultivar la energía sexual masculina**, de Mantak Chia y Michael Winn.

La senda del éxtasis, el arte de la sexualidad sublime, de Margo Anad, Ediciones Martínez Roca, Barcelona, 1999.

El viaje para sanar la sexualidad: una guía para supervivientes del abuso sexual, de Wendy Maltz, Harper-Collins, Madrid, 2021.

Libros sobre educación y ser padres

Beyond Discipline: From Compliance to Community*, de Alfie Kohn.

Fathers-To-Be, de Patrick Houser.

Mensajes del agua, del doctor Masaru Emoto, Liebre de Marzo, Barcelona.

No Contest: The Case Against Competition, de Alfie Kohn.

Punished by Rewards: The Trouble with Gold Stars, Incentive Plans, A's praise, and Other Bribes, de Alfie Kohn.

The Care and Feeding of Indigo Children, de la doctora Doreen Virtue.

The Case Against Standarized Testing: Raising the Scores, Ruining the Schools, de Alfie Kohn.

The Crystal Children, de la doctora Doreen Virtue.

The Homework Myth: Why Our Kids Get Too Much of a Bad Thing, de Alfie Kohn.

The Indigo Children: The New Kids Have Arrived, de Lee Carroll y Jan Tober.

The Schools Our Children Deserve: Moving Beyond Traditional Classrooms and "Tougher Standards", de Alfie Kohn.

Unconditional Parenting: Moving from Rewards and Punishment to Love and Relationship, de Alfie Kohn.

Vital Impressions: The KPM Approach to Children, del doctor Gary Borich.

What Does It Mean to Be Well Educated? More Essays on Standards, Gradings, and Other Follies*, de Alfie Kohn.

What to Look for in a Classroom... and Other Essays, de Alfie Kohn.

You Know What They Say... The Truth About Popular Beliefs*, de Alfie Kohn.

Escuelas, grupos y talleres centrados en los niños

Sri Atmananda Memorial School, Austin, Texas, USA
www.samschool.org

Student Assistence Training International – Cheryl Watkins
+16028677851
www.cwsap.com

Libros sobre separación y divorcio

Adult Children of Parental Alienation Syndrome: Breaking the Ties that Bind, de Amy J.L. Baker.

Children Held Hostage: Dealing With Programmed and Brainwashed Children, del doctor Stanley S. Clawar.

Divorce Poison: Protecting the Parent-Children Bond from a Vindictive Ex, de Richard Warshak.

Spiritual Divorce, de Debbie Ford.

The Parental Alienation Syndrome, de Richard Gardner.

Grupos, talleres y terapeutas

Imago Relationships International
+1212 240 7433
www.imagorelationships.org/

Sabine Young*
+44207 88762439
www.relationshiptherapylondon.co.uk

Spiritual Divorce Coaching*
www.debbieford.com

Libros sobre el poder de la mente y la personalidad

As A Man Thinketh, de James Allen (www.asaman-thinketh.net)
Awaken the Giant Within, de Anthony Robbins.
Feel de Fear and Do It Anyway, de Susan Jeffers.
Mensajes del agua, del doctor Masaru Emoto, Liebre de Marzo, Barcelona.
El poder frente a la fuerza, David R. Hawkins, EGDM Ediciones, Barcelona, 2014.
The Color Code: A New Way To See Yourself, Your Relationships and Life, de Taylor Hartman.
The Enneagram: Understanding Yourself and the Others In Your Life, de Helen Palmer.
The Power of Your Subconscious Mind, de Joseph Murphy.

Grupos y talleres

Hypnotherapy
+442073851166
www.hypnotherapytraininginstitute.org

Neuro Linguistic Programming
www.nlpacademy.co.uk

The Color Code
www.colorcode.com

The Enneagram Institute
+18456879878
www.theenneagraminstitute.com

Libros para crear abundancia en todas las áreas de tu vida

Un curso de milagros, Fundación para la paz interior.
As a Man Thinketh, de James Allen
Ask and It Is Given, de Esther Hicks y Jerry Hicks.
Life Was Never Meant To Be a Struggle, de Stuart Wilde.
Construye tu destino, del doctor Wayne Dyer.
Miracles, de Stuart Wilde.
Money Is Love, de Barbara Wilde.
Open Your Mind to Prosperity, de Catherine Ponder
Open Your Mind to Receive, de Catherine Ponder
The Abundance Book, de John Randolph Price
The Dynamic Laws of Prosperity, de Catherine Ponder

The Game of Life and How to Play It, de Florence Scovel Shinn
The Little Money Bible, de Stuart Wilde
The Prospering Power of Love, de Catherine Ponder
The Seven Laws of Success, de Deepak Chopra
The Trick to Money is Having Some!, de Stuart Wilde.
Think and Grow Rich, de Napoleón Hill.
You Can Heal Your Life, de Louise Hay.

Grupos, lugares y talleres

Abraham-Hicks Productions
www.abraham-hicks.com

Money Is Love
+17208415820
www.barbarawilder.com

Stuart Wilde
www.stuartwilde.com

The Journey
+441656890400
www.thejourney.com

Meditación y técnicas espirituales

Meditación Transcendental
+44169551213
www.tm.org

Vipassana, retiros de 10 díaz en silencio
www.dhamma.org

Yoga
www.yoga.co.uk

Libros sobre el perdón, espiritualidad y metafísica

Un curso de milagros, de Foundation for Inner Peace [Fundación para la paz interior].
Un curso de milagros (fácil), de Alan Cohen.
A Little Book of Forgiveness: Challenges & Meditations for Anyone With Something to Forgive, de Patrick Miller.
Volver al amor, Marianne Williamson, Urano, Barcelona, 2011.
Ausencia de felicidad, Kenneth Wapnick, El Grano de Mostaza Ediciones, Barcelona, 2010.
Are You As Happy As Your Dog?, de Alan Cohen.
Conversaciones con Dios (1,2 y 3), de Neale Donald Walsch.
Crystal Energy, de Doreen Virtue & Judith Lukomski.
Forgiveness: The Greatest Healer of All, del doctor Gerald G. Jampolsky.
Viaje sin distancia, Robert Skutch, El Grano de Mostaza Ediciones, Barcelona, 2011.
Living with Miracles: A Common Sense Guide to A Course in Miracles, de D. Patrick Miller.
El amor no ha olvidado a nadie, Gary Renard, El Grano de Mostaza Ediciones, Barcelona, 2015.

Amor sin condiciones, Paul Ferrini, El Grano de Mostaza Ediciones, Barcelona, 2011.

Out on a Limb, de Shirley MacLaine.

Perdón radical, Colin Tipping, Global 13 Publishing, 2008.

El alquimista, Paulo Cohelo.

The Awakener, de Sandy Stevenson.

Las nueve revelaciones, de James Redfield.

The Dark Side of the Light Chasers, de Debbie Ford.

La desaparición del universo, Gary Renard, El Grano de Mostaza Ediciones, Barcelona, 2011.

El dragón ya no vive aquí, Alan Cohen, Sirio, Málaga, 2002.

Healing the Soul of America, de Marianne Williamson.

The Lightworker's Way, de Doreen Virtue.

The Lost Mode of Prayer, de Khalil Gibran.

Whispering Winds of Change, de Stuart Wilde.

Why Your Life Sucks: And What You Can Do About It, de Alan Cohen.

Tu realidad inmortal, Gary Renard, El Grano de Mostaza Ediciones, Barcelona, 2009.

Zero Limits, de Joe Vitale & Dr. Ihaleakala Hew Len

Grupos, lugares y talleres

Un curso de milagros
www.acim.org

Angel Therapy
www.angeltherapy.com

Attitudinal Healing International
www.ahinternational.org

Avatar
www.avatarepc.com

Clearmind International
www.clearmind.com

Corstone Center*
www.corstone.org

Educo Seminars – Dr. Tony Quinn
www.educoworld.com

Foundation for A Course in Miracles*
www.facim.org

Gary Renard
www.garyrenad.com

Ho'oponopono
www.hooponopono.org

The Hoffman Process
www.hoffmaninstitute.com

Zero Limits – Joe Vitale & Dr. Ihaleakala Hew Len
www.zerolimits.info

Cualquier cosa marcada con un asterisco (*) indica que yo no he leído el libro, asistido al taller o experimentado personalmente al terapeuta o coach, pero tengo un conocimiento de los contenidos/taller o persona y me siento feliz de recomendarlos.

Una oración diaria para la relación
(Puede usarse para cualquier relación)

"Amada Madre/Padre Dios, te doy gracias por el regalo que (NOMBRE) es en mi vida. Sé que me has enviado a esta persona para ayudarme a encontrarme, conocerme, sanarme y perdonarme. Te entrego mi relación con (NOMBRE) y te doy gracias por tomarnos a ambos en tus amorosos brazos, para que juntos podamos recordar todo lo que es verdadero, y aprender a olvidar todo lo que es falso. Te entrego mi creencia errada de que estoy separado de Ti, de (NOMBRE) y de cualquiera, y te entrego mi deseo de recordar que soy Uno Contigo, con (NOMBRE) y con todos. Te doy gracias por Tu coraje y Tu fuerza, que brotan dentro de mí ayudándome a comprometerme de verdad con el amor, a comprometerme con la unión, a comprometerme con la paz y a comprometerme con la alegría en esta y en todas las relaciones. Porque es mi voluntad y la Tuya que yo sea libre, que sea feliz, y que esté en paz. Gracias. Amén.

Adaptado de un oración encontrada en 1999 en un escrito de Miranda Holden (ahora Miranda Macpherson).

Sobre el autor

John Campbell

John es maestro marinero y antiguo capitán de barco, y pasó más de treinta años en la industria petroquímica hasta que el estrés de su vida le puso de rodillas en 1997, cuando inició su viaje hacia el despertar.

Renunció a todos sus negocios y empezó a estudiar la mente humana. Se graduó como hipnoterapeuta y Practitioner de PNL, e inició numerosas formaciones en busca del significado de la vida. Después de estudiar diversas modalidades de curación holísticas y alternativas durante muchos años, y de haber vivido una intensa curación personal, conoció *Un curso de milagros* (UCDM). Tuvo una profunda sensación de que era algo que tenía que estudiar, pero al principio el libro le resultó muy difícil.

Dos años después leyó *La desaparición del Universo*, de Gary Renard. Este libro explicaba con gran detalle lo que el Curso trataba de enseñar y le convenció para comenzar a estudiar en serio esta obra maestra de la metafísica.

John alquiló una habitación en una casa y dedicó dieciocho meses a estudiar UCDM con detenimiento, a hacer las lecciones diarias y a practicar el perdón en su vida diaria. Cuando experimentó la paz interna que el Curso provee, ya estaba "enganchado".

John es un antigo Director y Vicepresidente de Brighton & Hove Albion Football Club, y conserva su interés en el deporte en general, y en este club en particular. Recientemente ha introducido a jugadores y entrenadores profesionales de fútbol a los principios de UCDM y al poder de la mente.

Ha viajado por el mundo; nació en India y ha vivido en Sudáfrica, Kenia, Nigeria, Canadá, Australia, Malasia, Irlanda y España.

John vive con su esposa, la doctora Anne Campbell, autora de diversos libros que han sido éxitos de ventas bajo el nombre que tenía en su matrimonio anterior, Moir: *Brain Sex, Why Men Don't Iron* y *A Mind To Crime*.

La doctora Anne Campbell fue ganadora del premio BAFTA por sus documentales y ahora trabaja con John en un documental sobre el SEXO INOCENTE.

info@miraclesrock.com
www.miraclesrock.com

Páginas web adicionales

Re-educación sexual:
www.inocentsex.org